2024

九星別 ユミリー風水

七赤金星《しちせききんせい》

直居由美里

大和書房

風水は人が幸せに生きるための環境学

人は地球に生まれ、その地域の自然環境と共存しながら生き、生涯を終えます。その人の生涯を通して、晴れの日や嵐の日を予測しながら幸せに生きていくための環境学が風水です。

人は〝宿命〟という、生まれながらにして変えられない条件を背負っています。自分では選べない生きるうえでの条件なのですが、二十歳《はたち》頃から自らが社会に参加し生きていくようになると、宿命を受け止めながら運命を切り開くことになるのです。

そうです。運命は変えられるのです。

「一命《いちめい》二《に》運《うん》三《さん》風水《ふうすい》四《し》積陰徳《せきいんとく》五《ご》唸書《ねんしょ》」という中国の格言があります。人は生まれてから、自らが自らの命を運んで生きている、これが運命です。風水を取り入れることでその落ち込みは軽くなり、運気の波は上り調子になっていくのです。そして、風水で運気が上昇していく最中でも、人知れず徳を積み（四積陰徳）、教養を身につける（五唸書）努力が必要であることを説いています。これが本当の幸せをつかむための風水の考え方です。

出会った瞬間からハッと人を惹きつけるような「気を発する人」はいませんか？ 「気」とは、その人固有の生きる力のようなもの。自分に適した環境を選べる“磁性感応”という力を持っています。

本書で紹介している、あなたのライフスター（生まれ年の星）のラッキーカラーや吉方位は、磁性感応を活性化させてよい「気」を発し、幸運を引き寄せられるはずです。

CONTENTS

2024年はこんな年

若々しいパワーに満ちる1年

2024年は三碧木星《さんぺきもくせい》の年です。20年間続く運気のタームである、第九運の始まりの年にもなります。

これからは新しい生活環境や働き方をはじめ、世の中のシステムが見直されていきます。2024年は三碧の象の力強い若い力をあらわし、若者の行動や新規ごとに注目が集まりそう。新しい情報や進歩、発展、活発、若さなどがキーワードになります。

若者がニュースの主役に

九星の中で最も若々しいパワーを持つ三碧ですが、未熟さ、軽率、反抗的な行動なども要素として持っています。よくも悪くも10代の言動が、社会を驚かせることでしょう。安易な交際や性犯罪の話題があるかもしれません。

草木は発芽するときに、大きなエネルギーで固い種子の皮を打ち破ります。そのため、爆発的な力を持っていることも2024年の特徴です。

新しい価値観がトレンドを生む

子どもの教育やスポーツにも関心が集まります。大きなスポーツ大会では、若い選手たちの活躍が期待できます。また、AIを駆使した音楽もつくられていくでしょう。コンサートやライブなどの音楽イベントもIT技術によって、新しいスタイルが定番となります。若い男性ミュージシャンや評論家、ボーイズグループも目立ち、ソロ活動する人にも注目が集まるでしょう。

ファッションも、若者たちの感性から、新しい素材やユニセックスを意識したスタイルが生まれます。

言葉によるトラブルに注意を

三碧には言葉や声という象意《しょうい》もあります。若者特有の言葉や造語が流行語になります。また、詐欺や嘘が今以上に大きな社会問題になる可能性が。地位ある人や人気者が失言により失脚することもあるでしょう。

ガーデニングなど花にかかわる趣味やイベントが注目を集めます。風水では生花はラッキーアイテムのひとつですが、特に2024年は季節の花を欠かさないようにしましょう。また、新鮮、鮮度も三碧の象意。初物や新鮮な野菜を使ったサラダがおすすめです。

2024年

七赤金星のあなたのラッキーアイテム

天空に輝く星を象徴する七赤金星。
今年はデザイン性が高く個性的なアイテムで運気アップを。

バッグの中身

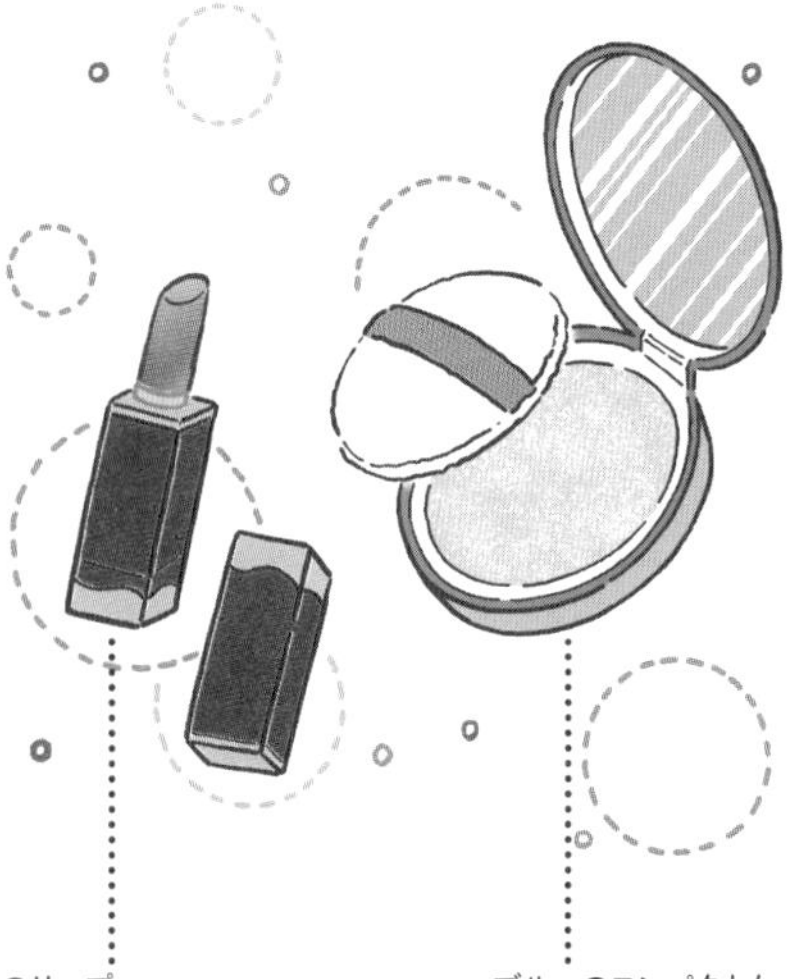

赤いケースのリップ

2024 年にバッグに入れておきたいのは赤いケースのリップ。リップカラーは赤をベースにしたものがおすすめ。

ブルーのコンパクトケース

ファンデーションやフェイスパウダーケースでブルーのものがあれば○。コンパクトタイプの手鏡でも。

赤やブルーのアイテムと クリスタルで運気アップ

インテリア

クリスタルのシャンデリア

シーリングライトだけでなくフロアスタンドなどでも○。キラキラと輝くものを選びましょう。

カットグラスのコップ

細かくカットが施されたカットグラスを置いて。光を反射させ、部屋中に広がります。

A MESSAGE TO YOU

七赤金星のあなたへ

七赤は夜空の星のエネルギーを象徴
2024年はパワー全開で活躍できる頂上運

七赤金星の生きる力を象徴するのは天空に輝く星です。ダイヤモンドのように光り輝き、きらびやかな世界で活躍するパワーを秘めています。星が地上に降りることがないように、七赤のあなたも高貴な分野を目指し、チャンスをつかみます。第1章の「七赤金星の自分を知る」を読めば、あなたがまだ気づいていない隠れた力がわかります。

2024年の七赤は頂上運がめぐります。運気のバックアップを受け、パワー全開で活躍できるとき。大きなチャレンジのタイミングに恵まれ、社会的評価もアップするでしょう。恐れずステージに上がり、あなたの存在感をアピールしてください。頂上運の年は目立つ存在になるので、隠しておきたい過去や不祥事も明るみになります。ネガティブな面を指摘されたら、素直に認めましょう。自分に欠けているものが何かを知り、努力を重ねていくことが大切です。

年齢別 七赤金星の2024年

22歳　2002年生まれ／午年

向学心旺盛《おうせい》で、いろいろなことにチャレンジしたくなります。やりたいことはどんどん具現化させましょう。頑張れば、頑張るほど成果があがる運気です。集中力を切らさないようにして、全力投球してください。

31歳　1993年生まれ／酉年

忙しくて、気持ちが落ち着きません。よかれと思って言った言葉が誤解され、非難されることも。浮き足立たないように気持ちを引き締めることが大切です。身だしなみを整え、よい気を呼び寄せてください。

40歳　1984年生まれ／子年

有力者からのサポートが期待できます。このチャンスを生かすために名刺を忘れず、身だしなみを整えること。靴は常にピカピカに磨いておきましょう。自慢話ばかりすると、評価が下がるので注意してください。

49歳　1975年生まれ／卯年

予想外の展開があり、慌ててしまいます。対人関係の入れ替わりもありそうです。どんなことも静かに受け入れてください。締めくくりのときを迎え、過去を清算するつもりで。そして、新しい道へ一歩を踏み出しましょう。

年齢別 七赤金星の2024年

58歳　1966年生まれ／午年

はっきりと結果が出ます。どんな結果でも短気を起こしてはいけません。9年後の目標を決め、努力を始めましょう。リスキリングのために勉強を始めると成果があがります。焦らず、じっくりと取り組みましょう。将来に向け投資額をアップさせるのもおすすめです。

67歳　1957年生まれ／酉年

好きなことを思い切り楽しめます。友人にも恵まれ、あなたの社交性を発揮できるでしょう。ただ、高いテンションで、派手な振舞いをすると、友人たちが離れていくので注意してください。離合集散の運気なので、離れていく人は追わないように。

76歳　1948年生まれ／子年

地域コミュニティで、責任ある役目をまかされそう。周囲の期待に応えられるように取り組んでください。書類の扱いに注意し、署名、捺印は内容を確認してから。また、議事録などの記録はきちんと残すこと。信号無視などせず、交通法規はきちんと守りましょう。

85歳　1939年生まれ／卯年

早寝早起きで体調管理をしてください。きちんと処理すべきことがたくさん出てきて、忙しくなります。無理をすると体調を崩す原因になるので、スケジュールを作りましょう。なるべくアウトドア活動を日常生活に取り入れ、若々しい体と心を維持してください。

第1章
七赤金星の自分を知る

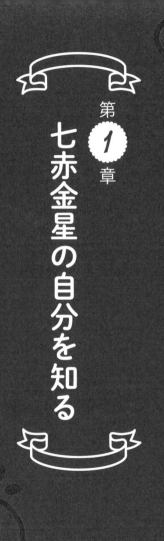

七赤金星はこんな人

ラッキーカラー　赤・黄色・白・金色

ラッキー方位　西

プライドが高く人脈を生かす社交家

美しいダイヤモンドに引き寄せられるように人々の注目を浴びて、明るいトークが人気につながる社交家です。自己顕示欲が強く、交際範囲の広さはライフスターの中ではトップクラス。人気運を持っているので、周囲からのサポートも期待できます。同情心が強く、勤勉で頭脳明晰《めいせき》な人が多いのも特徴。鋭い感性を持ち、他人の気持ちを読む能力にすぐれ、根回しが得意。

プライドが高く負けず嫌いで、謝るのが苦手。人を褒めたり、お礼を言ったりしても、本心からではないと思われて誤解を招くことも。でも、気にすることはありません。もともと相手の立場に立って考えることができるので、周囲の信用や人望を失うことはありません。いつも羨望《せんぼう》のまなざしで見られることが多いため、責められたり批判を受けたりすることに慣れていない、攻めに強く守りに弱いタイプ。また、コツコツと努力を続けるのが苦手という印象になるのは、苦労せずして金運に恵まれてしまう、七赤金星の本質が影響しています。

ラッキーカラーは赤、ラッキー方位は西

右ページにあるラッキーカラーとは、一生を通してあなたの運気を助ける守護色です。色のパワーがあなたに働きかけ、あなたの発する気をよいものにしてくれます。また、住まいのインテリアや洋服、持ち歩くものに取り入れるようにしましょう。

ラッキー方位とは自然界のよい気が自分に流れてくる入口のようなもので、住まいの中で大切にしたい方位です（48ページ参照）。七赤金星のラッキー方位は西なので、住まいの西が汚れていると邪気のまじった気を自分が受けることに。ですから、いつもきれいにしておくことが大切です。また、西を枕にしたり、西を向いて座ったりすることで、あなたの内側から湧いてくる力を高めてくれる効果もあります。

七赤金星の

人生

人脈が人生の開運を引き寄せる

夜空の星が発する光は、太陽のようにすべてを明るく照らし出すという強さはありません。だから、根気強さに欠け、飽きっぽい面が見えてしまうのは仕方のないこと。でも、もともと自分でエネルギーを作り出すことができるので、困難に負けないだけのファイトや才知を備えているのが七赤金星です。

七赤金星は金そのものをあらわすので、磨けば磨くほどその才能は光ります。若い頃には、自ら苦労を背負い込むくらいの気持ちでいたほうがいいでしょう。もともと金銭的には恵まれる環境にありますが、それに甘えてしまうと成長が止まってしまいます。おしゃべりが得意なので、行動が伴わないと口先だけととられてしまうことにもなりがちです。若い頃にたくさんの試練をクリアすればするほど、中年期、晩年期の運に弾みがつきます。いくつもの困難を乗り越えることで、あなたが持つ高慢や冷淡な面も薄れ、人格が磨かれることになるでしょう。若い頃に得たものよりも、晩年になって得たもののほうが安定します。

星はたくさん集まることで、集合体としての輝きを増していきます。ですから、たくさんの人に囲まれた賑やかな場でこそ、あなたの本領が発揮されます。プライベートでも仕事でも、豊富な人脈があなたにとってはとても大切です。大勢が集まれば問題も増えますが、交渉力にすぐれたあなたなら楽々と対処していけます。

自分磨きを継続で晩年を充実させる

人生は今の経験が積み重なってできあがっていくもの。浮かれず、落ち込まず、長い目で人生を見渡しながら年齢とともに高めていく運気を、晩成運といいます。よりよい晩成運を引き寄せるために、自分の人生が早咲きか遅咲きかを知り、人生の基盤を強固にしていくべきです。七赤金星は早咲きも遅咲きもいる混合型。どのタイプかは人それぞれですが、どちらにせよ大切なのは自分を磨くことです。

七赤金星は貴金属や宝石を象徴します。原石、つまり若い頃から磨き上げられた人が晩成運をつかみます。もうひとつの象徴である輝く星の光も、自ら発する光ではなく、太陽の光の反射です。一生輝き続けるには、自らを磨いていく必要があるのです。一生を通して取り組めるテーマをみつけられるよう、努力することが肝心です。

七赤金星の 金運

華やかで恵まれた金運の持ち主

七赤金星は金そのものを象徴するので、生まれつき金運には恵まれています。衣食住には困ることはありません。投資やギャンブルで一攫千金《いっかくせんきん》をねらって大金持ちになるというタイプではありませんが、お金に困ったとしても、どこからか救いの手が差し伸べられるというような、生まれついての福の持ち主といえます。

若いときにお金で苦労する人は、堅実な金銭感覚が身につき、上手にお金を貯めていくことができます。逆に浪費癖がついてしまった人は、中年期以降は金運が不安定になるので気をつけてください。もともと派手な消費スタイルの傾向があるので、ストレスがたまると衝動買いにも走りがち。とはいえ、常にお財布の紐《ひも》を締めているようだと、持って生まれた運気を下げてしまうので上手に使っていくことも大切です。

基本的にはコツコツ貯蓄する地道なタイプではないので、余分な現金は持ち歩かず、お金を循環させて将来へつなげるようにしましょう。趣味を生かしたお金の殖《ふ》やし方がいいので、宝石や貴金属を見る目を養って、楽しみながら投資するのがおすすめ。

七赤金星の 才能・適性

豊富な人脈を持つ社交家

人あたりがソフトで話し上手。そのうえ、相手の気持ちを素早くキャッチするのが得意なので、交渉ごとで実力を発揮。大勢の人とかかわることが多い仕事が向いています。社交術に長《た》けた有能なビジネスマン・ビジネスウーマンとして活躍するでしょう。社交派のあなたらしく、人脈の広さも武器になり、キャリアアップを助けてくれます。豊富な人脈が宝となるので、周囲との信頼関係は大切に。ただし、好きな仕事にはのめり込みますが、興味を失うと放り投げてしまう気まぐれな面も持っています。若いときは飽きっぽさが表に出やすいので要注意。プライドの高さで失敗することも。

粘り強く仕事に取り組むことで、年齢とともに自然と根気強くなり、周囲からも慕《した》われるようになります。上から目線でものを言いがちな面が、対人トラブルにつながらないよう注意しましょう。七赤金星に向く職業は、客室乗務員、芸能人、俳優、ウェディングプランナー、メイクアップアーティスト、芸術家、作家、政治家、司会者、外科医、歯科医、スポーツ選手などです。

七赤金星の

恋愛・結婚

豊かでリッチな恋を楽しむ王子様・お姫様

明るく社交的で、遊ぶことが大好きな七赤金星は、異性からの人気も高く、セックスアピールは抜群でとても魅力的。ときには理性よりも感情が先に立ち、抜き差しならない恋にのめり込んでしまう人も。独占欲が強いので、情熱的な恋が多くなりますが、結婚は情熱だけではできないことも理解しているので、相手を冷静に判断する目も持っています。ただし、夜空を流れる星のように、心が定まらない浮気性な面も。サービス精神満点ですが、相手がいつも自分を一番に考えてくれているという実感がないと、よそ見をしがちです。相手が自分に尽くしてくれるとわかると、浮気の虫は収まります。別れるときも、その原因が相手にあると考え、心のうちではショックを受けていても謝ることをせず、相手に追いすがるようなこともありません。

自分の欲求を満たしてくれる人を好きになる傾向があり、結婚しても王子様やお姫様のように扱われることを望みます。異性との関係は七赤金星の運を大きく左右するので、時間をかけて慎重に相手を選ぶべきでしょう。

七赤金星の 家庭

華やかな家庭をつくる人

子どもの頃は明るく活発な性格で、家族からかわいがられて育ちます。あなたに関心が集まることで、家族の和を作り出します。父親との心の交流がうまくいかず、寂しい思いをする人もいますが、落ち込むことはありません。苦労して磨かれる星なので、それもプラスに働きます。過保護に育てられると、成人してから苦労することになるので、自立心を育てるようにしましょう。

中年になると、賑やかで明るい家庭を築き、子どもを大切にする親になります。明るい反面、神経質な面も持っているので、家庭内のささいなことを心配して、感情的になることもありそう。過干渉《かかんしょう》にならないようにし、なるべく大きな気持ちで、家族を見守るようにしてください。男性は子ども好きが多く、子煩悩な父親に。女性は気配り上手な母親になりますが、感情的になると言葉で家族を傷つけてしまうことも。

晩年は家族に囲まれ、穏やかに過ごせます。ただし、口達者すぎると、家族との確執を生みかねません。やさしい素直な気持ちを、簡潔な言葉で伝えましょう。

幸運をもたらす

人間関係

相手のエネルギーを力に

人には持って生まれたエネルギーがあり、それを象徴するのがライフスターです。人間関係においてはそのエネルギーが深く関係します。113ページから紹介するライフスター同士の相性というのはそのひとつですが、これとは別に、あなたに特定の幸運をもたらす相手というのも存在します。それをあらわしたのが中央に自分のライフスターを置いた左の図です。それでは、どんな関係かを見ていきましょう。

運気を上げてくれるのが二黒土星《じこくどせい》。これはともに働くことであなたに強運をもたらしてくれる相手。あなたの運気を助けてくれる人でもあるので、一緒に長く頑張っていける関係です。お互いプライベートなことは詮索《せんさく》しないで、一定の距離感を持った付き合いをすることです。あなたのやる気を引き出してくれるのが四緑木星《しろくもくせい》。あなたにハッパをかける人でもあり、この人に自分の頑張りを試されるといってもいいでしょう。三碧木星《さんぺきもくせい》はあなたに精神的な安定を与える人、八白土星《はっぱくどせい》は名誉や名声を呼び寄せてくれる人です。よくも悪くも新しい話を持ってきてくれるのが六白金星《ろっぱくきんせい》です。

名誉を与える 八白土星	安定をもたらす 三碧木星	蓄財をサポートする 一白水星
お金を運んでくる 九紫火星	自分の星 七赤金星	チャンスを運ぶ 五黄土星
やる気を引き出す 四緑木星	運気を上げる 二黒土星	新しい話を持ってくる 六白金星

＊この表は、星の回座によりあらわし、北を上にしています。

それに合わせて、今までにない新しい交友関係をもたらしてもくれます。

金運は九紫、五黄、一白

金運をもたらす関係といえるのが、お金を運んでくる九紫火星《きゅうしかせい》、実利につながるチャンスをもたらす五黄土星《ごおうどせい》です。仕事のクライアントや給与を支払ってくれるのが九紫の人なら、あなたに経済的な安定をもたらしてくれます。五黄は新たな仕事の話や、自分にはない人脈を運んできてくれる人です。

また、蓄財のサポートをしてくれる一白《いっぱく》水星《すいせい》は、財テクや貯蓄プランの相談役として心強い相手です。

9タイプの七赤金星

性格は生まれ月で決まる！

生まれ年から割り出したライフスターは、生きていく姿勢や価値観などその人の本質を強くあらわします。でもその人となりの形成には、ライフスターだけではなく、生まれ月から割り出したパーソナルスターも深く関係しています。

パーソナルスターからわかるのは、性格、行動など社会に対する外向きの自分。下の表からみつけてください。たとえば、あなたが七赤金星で11月生まれならパーソナルスターは八白土星。七赤の本質と八白の性質を併せ持っているということです。

自分のパーソナルスターをみつけよう

ライフスター／生まれ月	一白水星 四緑木星 七赤金星	三碧木星 六白金星 九紫火星	二黒土星 五黄土星 八白土星
2月	八白土星	五黄土星	二黒土星
3月	七赤金星	四緑木星	一白水星
4月	六白金星	三碧木星	九紫火星
5月	五黄土星	二黒土星	八白土星
6月	四緑木星	一白水星	七赤金星
7月	三碧木星	九紫火星	六白金星
8月	二黒土星	八白土星	五黄土星
9月	一白水星	七赤金星	四緑木星
10月	九紫火星	六白金星	三碧木星
11月	八白土星	五黄土星	二黒土星
12月	七赤金星	四緑木星	一白水星
1月	六白金星	三碧木星	九紫火星

月の初めが誕生日の場合、前月の星になることがあるので携帯サイト（https://yumily.cocoloni.jp）で生年月日を入れ、チェックしてください。

9 パーソナルスター別タイプの七赤金星

パーソナルスターは一白から九紫まであるので、同じ七赤でも9つのタイプに分かれます。パーソナルスターも併せて見たあなたの性格や生き方は？

一白水星《いっぱくすいせい》　周囲に癒《いや》しや希望を与えることができ、多くの人に好かれます。勉強家で働き者の人が多く、環境に応じて的確な対応ができる人です。華やかな場は大好き。人あたりがよく交際上手ですが、本音をたやすく言うことはありません。自由気ままでいることを望み、型にはめられることは嫌います。

二黒土星《じこくどせい》　華やかな場に身を置きながらも、地道な努力を続けられる人です。頑張ったことを褒めてもらうことで、発展していくタイプです。自分を追い込んだり、プレッシャーをかけられたりしても、それに負けない精神力があります。自分の地位を築いた場所で、長く活躍することができます。

三碧木星《さんぺきもくせい》　プライドが高く、自信家なのに心配性という二面性を持っています。おしゃべりが得意な理論派ですが、行動に移すまでには時間がかかるので、周囲から批判されることもあります。社交派で親しみやすい人ですが、周囲からどう思われているかを気にするタイプ。情報収集能力には長けています。

四緑木星《しろくもくせい》　人との争いは大嫌いな社交派タイプです。おしゃべり上手ですが、八方美人的な面が周囲とのトラブルの種に。物事に対してはなかなか決断できず、動けなくなることもたびたびです。人脈を何よりも大切に考える傾向にありますが、身近な人には冷たいという面もあります。

五黄土星《ごおうどせい》　我が道を行くことで人から注目を集めるタイプです。自己顕示欲は強いほうなので、周囲から煙《けむ》たがられることも。プライドが高く、素直に人に謝ることが苦手。自分勝手に振舞っているように見えますが、面倒みがよく、情に厚い面に周囲はびっくりさせられることもあります。

六白金星《ろっぱくきんせい》　内側に輝くものを持っている人です。周囲を動かすエネルギーを持ち、明るく大胆。自然に人の視線を引きつける魅力がありながら、リーダーシップを発揮して人を巻き込んでいく力も持っています。あまりにもエネルギッシュな行動に、周囲がついていけなくなることもたびたびです。

七赤金星《しちせききんせい》　遊ぶことが大好きな快楽主義者かと思えば、目標に向かってコツコツと取り組む努力家というふたつの面を持っています。そばであなたを見守り、応援してくれる人がいることでよりよい結果を出せるタイプ。表舞台に立ち注目を集めることを好みますが、裏方に回りサポートすることも厭《いと》いません。

八白土星《はっぱくどせい》　控えめな一番星というイメージ。人から注目されたいと思いつつも、周囲を励ましたり、相手を受け入れたりするなど包容力もある人です。努力をし続けることで、変わらぬ輝きを保っていけるタイプ。根がまじめなので、頑張りすぎてしまうと問題を抱えきれなくなってしまうことも。

九紫火星《きゅうしかせい》　プライドが高く、周囲に対しては自分の世界を強烈にアピール。目標に向かって突き進むパワーは半端ではありません。感情の起伏は激しく、熱しやすく冷めやすいタイプで、闘争心も旺盛。明るく周囲からの注目を集めますが、型にはめられたり、束縛《そくばく》されたりするのは好みません。

第2章 七赤金星の2024年

2024年の全体運

2024年2月4日～2025年2月2日

大きな実りを手にできる最高の運気！

2024年に七赤金星にめぐってくるのは、9つのライフスターの中で一番よい運気の頂上運です。華やかなことが好きなあなたにとって、2023年はなんとなく思い通りにならず、フラストレーションがたまる1年だったでしょう。今年は過去8年間のあなたの努力が評価される年で、公私ともにスポットライトを浴びることが多くなります。周囲の評価がとても気になるあなたですが、順風満帆で、達成感や充実感が満ちあふれる年になるはず。常に洗練された振舞いを心がけ、ポジティブなイメージを身にまとうようにしましょう。それが引き立て運を呼び込み、有力者のネットワークなど、今までにないグレードアップした人間関係をつくることにつながります。あなたが得意とするコミュニケー

2024年吉方位	北東、南東
2024年凶方位	北、南、東、西、北西、南西

ションスキルや頭の回転の速さを発揮して、アグレッシブに挑戦してください。期待した結果にならなくても落胆する必要はありません。何が足りなかったのか、どんな努力が必要なのかをよく考えれば、次のチャンスに生かすことができます。

頂上運を生かすために心がけたいのが、情熱と諦めない強さです。あなたの洞察力や社交術を生かし、周囲を味方につけながら全力で前進してください。

感情的にならず、常にポジティブな姿勢で

頂上運はテンションが上がりやすく、感情的になりがちです。周囲に評価を求め、無理をして冒険しようとすると失敗します。孤立してしまい、あなたから離れていく人も。周囲の人々を恨《うら》んだり、嘆いたりせず、頂上運の運気通りに前向きにとらえてください。そうすれば新しい可能性をみつけることができるでしょう。

そして、運気のよさを実感できたら、幸せのおすそ分けを忘れないこと。力を貸してくれた人たちに話題のグルメをご馳走したり、小さなプレゼントを贈ったりしましょう。また、身だしなみを整え、大事なことは日中にすませてください。さらに、頂上運らしいポジティブシンキングを忘れなければ、運は開けてきます。

社会的評価が金運をアップさせる

仕事上での付き合いが活発になり、お金の循環もスピードアップします。地域コミュニティでの活躍も金運を育てることにつながります。仕事では大抜擢《ばってき》されたり、実力者の目に留まったりと、大きな飛躍が待っている可能性もあります。社会的活動が金運を活性化させてくれます。

金運に恵まれる2024年は上手なお金の使い方を心がけることが大切です。人が喜ぶことに使ったお金は、社会を旅して大きく育ちます。友人や後輩にご馳走したり、いつもお世話になっている人へのプレゼントなど、あなたが手にした幸せのおすそ分けは、お金を育てるための投資になります。楽しいことや、おいしい物が大好きなあなたですから、トレンド情報をキャッチして、大切な人たちと楽しい時間を共有してください。

将来の夢を叶えるための貯蓄を始めてもいいときです。マイホーム資金や海外旅行などのために、目標額を決めコツコツと貯めていくのもいいでしょう。毎月、定額の投資をしている人は、投資額をアップさせるのもおすすめです。2024年はくじ運にも恵まれています。運気を確認し、吉方位の神社にお参りしてからチャレンジするのもおすすめです。

見栄を張ると、お金を育てられない

金運に恵まれているからと、見栄を張ると気づかないうちに赤字になります。残高チェックはこまめにすること。キャッシュレス決済もチャージ金額を決めるなどして予算を決めましょう。支払明細を保管し、きちんと収支を把握《はあく》しておくことが重要です。風水では、数字そのものが思考をクリアにしてくれる要素だと考えます。通帳などの数字を常に把握しておきましょう。また、周囲の注目を集める2024年は、大勢の人があなたに近づいてきます。甘い投資話には耳を貸さないこと。一攫千金を望んでも、その願いは叶いません。また、隠しごとや嘘が思わぬ出費につながります。

全力で前進する頂上運では、集中力が不足しがちになります。数字の桁を書き間違えないように十分に注意しましょう。特に契約書などはダブルチェックを忘れないようにしてください。

2024年の仕事運

何事もエネルギッシュに取り組んで

仕事運は上々です。精神的にも肉体的にもタフさが求められますが、仕事の基本は粘り強さとアグレッシブな姿勢をキープすること。エネルギッシュに仕事をこなしていくことがキャリアアップや昇進、昇格につながります。2024年は対人関係の入れ替わりもありますが、慌てずチャンスだと受け止めましょう。クライアントの入れ替わりや新規事業の立ち上げなど、周囲の注目があなたに集まります。担当分野はもちろん、それ以外の分野の情報収集をすると、新しいアイデアが生まれます。新規プロジェクトの提案も積極的に行いましょう。堂々とプレゼンすれば勝率がアップします。いつ、どんな出会いがあるかわからないのが頂上運です。名刺を忘れないようにしてください。

仕事運を生かすためには、円滑なコミュニケーションが必須です。調子がいいからと、ひとりで何もかもこなそうとするのは禁物。チームで動くように心がけてください。議論で感情的になるのもいけません。結論を導き出せず、あなたの評価を下げてしまうことにつながります。仕事を部下や同僚にまかせることも、お互いを成長させるきっかけになります。ただし、あまり頑固になると周囲へのプレッシャーになるので注意してください。今までのやり方に固執したり、アクションを起こす勇気を持てずにいたりするとチャンスを逃します。常にスタートダッシュができるように準備を整えておきましょう。

向学心を生かして、新しい可能性を

契約書などの数字、特に日付や金額は何度も確認をして間違えないようにしてください。また、仕事量が増え、ストレスがたまるうえに、さまざまな価値観を持つ人との折衝が多くなります。今までとは違うスキルが要求されると心づもりしておきましょう。オンとオフをしっかり切り替えてストレス解消を心がけてください。

充実感があり、将来の希望も湧いてきます。何かを学びたいという気持ちも出てくるでしょう。時間ができたらと考えず、すぐにチャレンジしてください。運気の後押しを受けて、スムーズに成果があがるでしょう。あなたの新しいセールスポイントが生まれ、仕事にもいい影響を与えるはずです。

2024年の恋愛・結婚運

チャンスに恵まれる幸運期

恋愛のチャンスに恵まれる1年です。華やかな場所に恋のきっかけが隠れていそう。イベントなどには積極的に参加してください。ロマンティックで社交的なあなたは魅力的な存在。2024年はたくさんのアプローチがあるでしょう。友人とのお付き合いを大切にすると、さらに出会いの場が多くなります。年長者から紹介されるご縁もあるかもしれません。忙しさを言い訳に消極的になっていると、せっかくのチャンスを生かせなくなります。2024年は運気に勢いがあるのでひと目惚れや、スピード婚の可能性も。ただし、感情だけを優先させると愛情を育てることが難しくなります。

意中の人がいるなら、はっきり気持ちを伝えて。宙ぶらりんのままでいると、新しい出会いを引き寄せることができません。告白をするときは日の吉方位にある海辺かスタジアムがおすすめです。長く付き合っている恋人とは結婚話を進めるタイミング。ふたりでいる時間を増やしてください。同じ時間や空間を共有すると、今まで以上にお互いを理解することができるでしょう。ともに人生を歩む決心がつかないのなら、思い切ってピリオドを打つのも選択肢のひとつ。くされ縁は何も生み出さないので、はっきりとけじめをつけましょう。別れは新しい出会いへの第一歩と考えてください。2024年は出会いと別れが交錯する年、勇気を持って新しい世界へ飛び出すのもいいでしょう。

いい加減な対応だと愛情を育《はぐく》めない

頂上運は太陽の象意を持っています。すべてのことが隠されることなく、明るみに出ます。恋のチャンスが多いからと、誰にでもいい顔をしていると信用をなくします。また、相手をよく理解しないうちに運命の人と錯覚してしまう可能性も。

パートナーとの関係に安心し、多忙を言い訳にデートをキャンセルしていると、不信感を持たれそう。不倫や三角関係なども周囲に知られてしまう運気です。相手を思ってついた嘘でも、大切なものを失うことにつながります。意地を張り、素直に謝らないと、ふたりの信頼関係にヒビが入り、修復不可能に。運気がいいときこそ、人に迷惑をかけないように心がけてください。2024年は、よくも悪くも予想外の展開になりがち。どんなときも正直であれば、トラブルは避けることができます。

2024年の家庭運

マリンリゾートで時間を共有して

多忙で家族への気配りが足りなくなりそうです。ついつい自分ファーストになりがちで、家族の思いは後回しになってしまうかも。それが原因で家庭内の空気がギクシャクします。1日のうち30分でもいいので、家族の話をじっくり聞くように努力してください。なるべく朝食をともにし、気の交換をしましょう。

2024年は家族と一緒にマリンレジャーを楽しむのがおすすめ。太陽の下で同じ時間を共有すると、コミュニケーションがスムーズになります。リゾートステイではのんびり過ごすより、さまざまなアクティビティに挑戦しましょう。体験型のツアーに参加すると家族の絆が深まります。夏以外はキャンプやハイキングなどアウトドアレジャーがおすすめです。

休みがとれないときは、リビングに季節の花や、木製のフレームに入れた家族写真を飾ること。毎日花瓶の水を替えることも忘れないでください。また、BGMを流しておくと家族がリラックスでき、本音を語り合えるようになるでしょう。

２０２４年の人間関係運

笑顔が人脈を広げるポイント

人を惹きつけるパワーが強くなり、華やかな人間関係に包まれます。有力者や実力者、未知の世界の人との出会いも期待できます。口角を上げた笑顔で、コンタクトをとるようにしてください。

２０２４年は多くの人とかかわるので気苦労が絶えません。スムーズなコミュニケーションを求めるなら、スマホやパソコンのディスプレイをきれいに拭いておくこと。デジタル関連機器は、観葉植物の近くに置き場所を決めるのもいいでしょう。また、安易にＳＮＳに「いいね」をしないように。派手なイベントばかり投稿して自己承認欲求を満たすと誤解されます。見栄を張らず、自然体のあなたを発信しましょう。

趣味を通じて知り合った人には、あまり深入りしないほうが無難です。適度な距離を維持しながら付き合うように心がけてください。地域コミュニティの中では自己主張をする前に、相手の話を最後まで聞くようにしましょう。玄関に余分なものを置かず、盛り塩をするとトラブルを遠ざけることができます。

2024年の住宅運

新築・引越しに適した時期

2024年は、新築、引越し、土地の購入、リフォームに適した時期です。ただし、大規模リフォームは2025年の節分まで持ち越さないように。引越しをする場合は、現在住んでいる場所から、年の吉方位にあたる北東、南東になる場所を選ぶといいでしょう。理想的なのは、年の吉方位と月の吉方位が重なる月です。北東なら2月、4月、9月、11月、南東なら4月、5月、7月、9月がそれにあたります。また、北東、南東ともに2025年1月でもかまいません。1月は南もOKです。

ただし、あなたの天中殺《てんちゅうさつ》（50ページ参照）にあたる月は避けましょう。また、あなたが辰巳《たつみ》天中殺の運気の人なら、2024年は年の天中殺。世帯主の場合、土地購入までなら問題はありませんが、年内の引越しは避けたほうが無難です。

住まいの気を発展させるには、部屋の西は風通しをよくし、いつもきれいに掃除しておきましょう。南に盛り塩を置くと2024年の運気の波にのることができます。サボテンや個性的なオブジェなどを飾るのもおすすめです。

2024年の健康運

太陽からパワーをもらい体調を整えて

エネルギッシュに活動するため、知らずしらずのうちに疲労が蓄積します。さらにテンションが上がっているので、あなたの頭の中はオーバーヒートになりがち。ストレスを発散するためにも、太陽光を浴びてください。天気のいい日には散歩やアウトドアスポーツでリフレッシュしましょう。

疲れを感じたら、好きな香りに包まれ、ゆっくり入浴して。また、良質な睡眠をとることも大切です。なるべく早く就寝するように心がけましょう。寝室にはスマホやタブレットを持ち込まないこと。眼精疲労を感じたらホットタオルを目にあて、早めにケアしましょう。

外出するときはサングラスで紫外線から目を守ってください。また、夜空の星を見る時間を持つのもおすすめです。2024年は特に心臓の不調に注意を。血圧は定期的にチェックし、異常を感じたら、早めに専門医を受診しましょう。エビチリやチキンのトマト煮込みを食べると、エネルギーをチャージできます。

COLUMN 1

～2024年のラッキー掃除～

情報がスムーズに入るように掃除・整頓を

2024年は情報が入ってくる東の方位(家の中心から見て)が重要になってきます。東に段ボールや古新聞を置いていると、よい情報が入るのを邪魔します。忘れてはならない場所が、冷蔵庫の野菜室。野菜くずや汚れを残さないように水拭きし、食材を整理して収納しましょう。

また、電気関連の場所も大切なポイントです。分電盤やコンセントカバーなどにホコリを残さないように。パソコン本体はもちろん、キーボードの溝《みぞ》も綿棒などを使って、清潔さを維持するようにしてください。

第3章
七赤金星の運気を上げる風水習慣

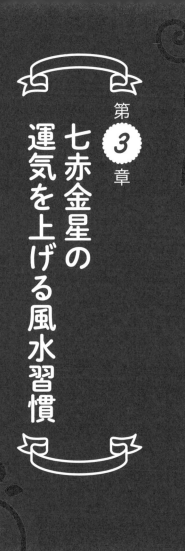

金運アップのアクション

食器やカトラリーを
整理する

食事アイテムが鍵

２０２４年の金運アップのアクションは、食器やカトラリーの整理整頓です。明るく社交的で、会食が多い七赤金星は食べ物に関するアイテムを整えることが大切。しまい込みがちなハイブランドの食器もきれいに並べて、使うようにしましょう。カトラリーをピカピカに磨くことも忘れずに。

お椀や湯飲みなどの食器は、伏せるようにして収納します。そして整然と並べましょう。食器戸棚の中の気を乱さないようにすることも忘れないでください。

お金の風水

カトラリーをピカピカに磨く

2024年は活気にあふれ、会食やパーティーが多くなります。パーティーに参加して人脈を広げることが金運を開く鍵。家庭でもパーティーに欠かせない銀やステンレスのカトラリーを磨きましょう。それも顔が映るぐらいピカピカにしておくこと。

磨き上げたカトラリーはアイテム別にまとめ、上下を揃《そろ》えて収納を。引き出しは隅々まできれいにして、ホコリやゴミを残さないことも大切です。

家でもBGMを楽しむ

2024年の中宮・三碧は音や響きを象徴する星です。コンサートやライブを楽しむのはもちろん、家の中でも好きな音楽を聴くとよい気を呼び込めます。家事をするときやバスタイム、メイクをするときもBGMを流して音を楽しむといいでしょう。いつも美しいメロディーやリズムに触れていると、自然にパワーを充電できます。

特にきれいに掃除した部屋の中央で、音楽を聴くのがおすすめです。

仕事運アップのアクション

歯ブラシは
定期的に取り替える

歯ブラシはこまめにチェック

2024年の仕事運アップのアクションは、歯ブラシを定期的に取り替えることです。歯ブラシは黄色い柄のものがおすすめ。お気に入りを買い置きして、いつでも同じものを使えるようにしておきましょう。

美しい口元は開運の鍵。歯磨きはもちろん、デンタルフロスやマウスウォッシュを使い、口腔ケアを心がけましょう。笑顔に自信が生まれれば、交渉ごともうまくいきます。歯ブラシなどのアイテムを置く洗面台はきれいに使い、清潔さを保つことも大切です。

仕事の風水

こまめに情報を更新する

数字が並んでいるカレンダーは仕事運をアップさせます。さらに2024年は情報の更新が重要なポイントになります。きちんと月や日ごとに新しいページをめくるようにすること。また、手帳には新しいアイデアやミッションを書き込むといいでしょう。

パソコンも古いデータをいつまでもデスクトップに置かないようにしましょう。データは保存するか削除し、ソフトのアップデートも忘れないこと。

北西のスペースを整える

仕事運を司る方角は北西です。家の中心から見て北西の場所や部屋を常にきれいに整えてください。2024年は、木製アイテムがよい気を呼び込みます。北西の方角に木製のブックエンドや文具箱を置き、毎日の拭き掃除も欠かさないように。

キャビネットやデスクを置く場合は、書類などを置きっぱなしにせず、引き出しの中に片づけて。整理整頓で、仕事がしやすい環境をキープしましょう。

恋愛・結婚運アップのアクション

化粧ポーチをきれいにする

鏡もきれいをキープして

２０２４年の恋愛・結婚運アップのアクションは、化粧ポーチを整理することです。流行に敏感な七赤金星は、メイクアイテムが増えがち。化粧ポーチの中が整理されていないと、運気が下がるので、日常的に中身を出してチェックしましょう。外出時に使うコンパクトミラーは常に磨いて、コスメポーチにはきれいな状態のものを入れておきましょう。

メイクは外側を美しく見せるためのものですが、いつも持ち歩く化粧ポーチを整え、内面磨きも意識しましょう。

おそうじの風水

東に植物を置き、世話をする

植物は風水のラッキーアイテムのひとつです。三碧の年は東の方角からよい情報が入ってきます。２０２４年は東に観葉植物や生花を置きましょう。観葉植物の葉にホコリが残らないようにやさしく拭き、花瓶の水は毎日取り替えること。鉢や花瓶も汚れをとるように心がけてください。

枯れた葉や花は邪気になります。こまめに手入れして、枯れたものを残さないようにしてください。

楽器や電化製品を手入れする

２０２４年は音にかかわるものが重要なアイテムになります。ピアノやギターなど楽器にホコリを残さないように手入れしてください。普段使わないものでも、こまめにお手入れを。しまい込んでいる楽器も同様です。

また、三碧は電気の象意も持っています。エアコンや冷蔵庫、テレビ、電子レンジなどの電化製品もきれいにすることが大切です。細かい部分まで丁寧に掃除してください。

住宅運アップのアクション

ベランダガーデンを
つくる

鉢のそばには動物の飾りを

2024年の住宅運アップのアクションは、ベランダガーデンをつくることです。家族で花や野菜を育てて、潤いある生活を楽しみましょう。植物や土から発せられるエネルギーを受け取り、家族の絆を深めてください。鉢のそばにはうさぎなど動物モチーフの飾りを置くのがおすすめ。動物モチーフは番犬のような役割を果たし邪気を祓《はら》って、住宅運をアップさせます。

ベランダは常に掃除し、快適な空間にしておくこと。水やりなどの仕事を家族で当番制にするのもいいでしょう。

住まいの風水

花を育てる

草花は三碧の象意です。庭があるお宅なら、四季を通して花が咲くようにガーデニングをしましょう。庭がない場合は、ベランダガーデニングで花を育ててください。

また、よい気や情報は玄関やベランダから入ってきます。玄関やベランダに余分なものを置くと、それらがよい情報を遮《さえぎ》ってしまいます。開口部はきれいに整え、気がスムーズに入るようにしましょう。

フローリングを磨く

フローリングに掃除機をかけ、その後、ピカピカになるまで磨き上げましょう。木材の持つパワーを引き出すことができます。また、傷があれば、その手入れも忘れずに。

畳やじゅうたんもきれいに掃除してください。大地に近い床は、大きなパワーが漂う場所です。住まいに大地のパワーを常に取り入れるためにも、床には不要なものを置かず、きれいにしておくことが大切です。

吉方位と凶方位のこと

方位はよくも悪くも運に影響を与えます

風水では、吉方位への神社参りをしてくださいとよくアドバイスします。私自身、ほぼ毎日、日の吉方位にある近くの神社へ散歩をしながらのお参りを欠かさずしています。吉方位とはあなたのライフスターが持つラッキー方位（12ページ参照）とは別のもので、自ら動いていくことでよい気をもたらす方位のこと。自分の生活拠点、つまり住んでいる場所（家）を基点に考えます。

旅行や引越しで方位を気にするのは、自分の運気がよくも悪くも宇宙の磁場の影響を受けるから。でも、吉方位へ動けば、自分の磁力が活性化して気力にあふれ、どんどんよい気がたまっていき、巻頭で述べたような「気を発する人」になるのを手助けしてくれます。

吉方位には年の吉方位、月の吉方位、日の吉方位があり、それぞれライフスターで異なります。凶方位も同様です。生活の中に吉方位を取り入れるときは、目的によって左ページのように使い分けます。

日の吉方位

日の吉方位と凶方位は毎日変わります。スポーツなどの勝負ごとや賭けごと、プロポーズ、商談などその日に決着がつくことには、日のみの吉方位（第4章のカレンダーを参照）を使います。

月の吉方位

月ごとにも吉方位と凶方位は変わります。数日間滞在するような旅行は、月と日の吉方位が重なる日に。風水では月替わりが毎月1日ではないので、第4章の月の運気で日付を確認してください。

年の吉方位

年の吉方位は、その年を通してあなたに影響を与え続ける方位です。引越しや住宅購入、転職は方位の影響を受け続けることになるので、年（26ページ参照）、月、日の吉方位が重なる日に。

天中殺は運気の貯蓄をするとき

運気が不安定になる時期をチェック

天中殺とは、周囲が味方になってくれない時期を意味します。自分でコントロールすることができない運気で、これも私たちが持つ運気のひとつです。

天中殺の時期は、家の外は嵐という状態。出る杭《くい》は打たれるというときなので、何の準備もしないで外＝社会に出ていけば、雨風に打たれて心身ともに疲労困憊《こんぱい》してしまいます。ですから前もって自分の天中殺を知っておくことが大切です。天中殺には運気が不安定になるので、不安や迷いを感じやすくなったり、やる気が出なかったりと、マイナスの影響がもたらされてしまいます。

天中殺は、年、月、日と3種類あり、生年月日によって、子丑《ねうし》天中殺、寅卯《とらう》天中殺、辰巳《たつみ》天中殺、午未《うまひつじ》天中殺、申酉《さるとり》天中殺、戌亥《いぬい》天中殺の6つに分けられます。まずは54ページ、133〜135ページの表をもとに、自分の生年月日から割り出してみてください。

誰もが受ける社会から降りかかってくる運気

天中殺は社会から降りかかってくる運気です。ですから、極論をいえば、社会に出なければ天中殺の現象を受けることはありません。でも、社会とかかわりを持って生活する以上そうはいきません。天中殺とは逃れることのできない、〝宿命〟のようなものなのです。ただし、何に気をつければいいのかがわかれば、天中殺の現象を軽減させたり、避けたりすることができます。

天中殺の時期は、社会との摩擦《まさつ》を減らす意味で、受け身に徹したり、自分の言動を戒《いまし》めたりすることが肝心です。自分の欲のために行動したり、新しいことをしたりしてもあまりうまくいかないと心しておきましょう。頑張っても努力が報われにくいときなので、それがわかっていればたとえ失敗しても心のダメージは少ないはずです。

天中殺を無難に過ごすためには、天中殺が来る前から風水生活を実践し、運気の貯蓄をすることで気を高めておくことです。本書にある運気に沿った生活をすることもそうですし、吉方位を使った神社参りやゆったりとしたスケジュールの旅行、また、住まいをきれいに掃除するなど、家の環境を整えることもよい運気の貯蓄になります。

年、月、日の3種の天中殺

では、〝宿命〟ともいえる天中殺はいつやってくるのでしょうか？　天中殺には年の天中殺、月の天中殺、日の天中殺があり、12年に2年間やってくるのが年の天中殺、12か月に2か月間やってくるのが月の天中殺、12日に2日間めぐってくるのが日の天中殺です。めぐってくるタイミングも、6つの天中殺によって異なります。

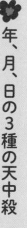

3種の天中殺のうち、運気に一番大きく作用するのが年の天中殺です。年の天中殺のときに、人生の転機となるような選択をするのはおすすめできません。月の天中殺は2か月間と期間が短くなるので、天中殺の現象が集中することもあります。これらの2種の天中殺に比べると、日の天中殺は運気への影響は少ないといえます。とはいえ、いつもなら勝てる相手に負けてしまう、他人の尻ぬぐいをさせられてしまう、異常に忙しくなる、やる気がまったく出ない……といった影響が出ることもあります。日の天中殺は第4章にある各月のカレンダーに記載してあるので参考にしてください。

2024年は辰年で辰巳《たつみ》天中殺の人にとっては、年の天中殺にあたります。ライフスターごとの運気にかかわらず、辰巳天中殺の人は運気に影響を受けるでしょう。でも、自分のライフスターの運気が絶好調の頂上運の場合は、その運の強さが働いて天中殺の現象を軽減してくれることもあります。逆に運気が低迷する停滞運のときは、天中殺の影響が強く出やすいといえます。

年の天中殺がいつやってくるのかは、左の表でチェックしてください。前述しましたように、天中殺の現象を軽減することは可能です。年の天中殺がいつやってくるかを知ったら、ただ待つのではなく風水生活をきちんと実践して、天中殺に向けての準備をしっかりしておきましょう。

あなたの年の天中殺は？

2024年	辰	辰巳天中殺
2025年	巳	辰巳天中殺
2026年	午	午未天中殺
2027年	未	午未天中殺
2028年	申	申酉天中殺
2029年	酉	申酉天中殺
2030年	戌	戌亥天中殺
2031年	亥	戌亥天中殺
2032年	子	子丑天中殺
2033年	丑	子丑天中殺
2034年	寅	寅卯天中殺
2035年	卯	寅卯天中殺

天中殺の割り出し方

133～135ページの基数早見表で基数を探し、
誕生日を足して割り出します。

例 1980年5月15日生まれの場合

基数		誕生日の日にち		合計
10	+	15	=	25

基数は10で、生まれ日の15を足すと合計が25。右の表から、21～30の「午未天中殺」があなたの天中殺になります。合計が61以上になる場合は60を引いた数になります。

天中殺の早見表

1～10	戌亥天中殺
11～20	申酉天中殺
21～30	午未天中殺
31～40	辰巳天中殺
41～50	寅卯天中殺
51～60	子丑天中殺

♡子丑天中殺　ねうしてんちゅうさつ

子年と丑年が年の天中殺で、毎年12月と1月が月の天中殺です。月の天中殺以外では、毎年6月と7月は社会や周囲の応援が得られにくくなるので要注意。この天中殺の人は、他人のために進んで働くタイプ。目上の人の引き立ては少なく、自分自身で新しい道を切り開いていける初代運を持っています。目的に向かってコツコツ努力する大器晩成型です。

♡寅卯天中殺　とらうてんちゅうさつ

寅年と卯年が年の天中殺で、毎年2月と3月が月の天中殺です。月の天中殺以外では、毎年5月は社会からの支援が得られにくくなるので要注意。この天中殺の人は、失敗してもクヨクヨせず、6つの天中殺の中で一番パワフル。度胸はいいほうですが、少々大雑把《おおざっぱ》な性格です。若い頃から親元を離れて生きていく人が多いようです。

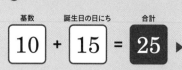

♡辰巳天中殺 たつみてんちゅうさつ

辰年と巳年が年の天中殺で、毎年4月と5月が月の天中殺です。月の天中殺以外では、12月と1月は周囲の協力や支援を得にくく孤立しがちなので要注意です。この天中殺の人は、型にはまらず個性的で、いるだけで周囲に存在感をアピールできるタイプ。行動力は抜群で、苦境に立たされても乗り越えるたくましさを持っています。

♡午未天中殺 うまひつじてんちゅうさつ

午年と未年が年の天中殺で、毎年6月と7月が月の天中殺です。月の天中殺以外では、11月と12月は周囲の支援が得られないだけでなく、体調を崩しやすくなる時期。この天中殺の人は、冷静で情報収集が得意。先を見て行動する仕切り屋タイプが多いようです。困ったときには誰かが手を差し伸べてくれる運の強さを持っています。

♡申酉天中殺 さるとりてんちゅうさつ

申年と酉年が年の天中殺で、毎年8月と9月が月の天中殺です。月の天中殺以外では、社会からの支援や協力を得にくくなる4月と5月は言動に要注意。この天中殺の人は、ひとりで複数の役目をこなす働き者。でも、キャパを超えると右往左往することも。世の中の動きを素早くキャッチし、金運にも恵まれています。

♡戌亥天中殺 いぬいてんちゅうさつ

戌年と亥年が年の天中殺で、毎年10月と11月が月の天中殺です。月の天中殺以外では、毎年6月と7月はなんらかの環境の変化で悩むことが多くなる時期。この天中殺の人は、6つの天中殺の中で一番多くの試練に遭遇《そうぐう》します。でも、自力で道を開き、周囲のエネルギーを自分のパワーに変えていける強さを持っています。

COLUMN 2

～2024年のラッキー家事～

音が出るアイテムと家電の手入れを

三碧木星の象意のひとつは音です。2024年は音が出るものを常にきれいにすると、よい情報が入りやすくなります。楽器やドアベルなどはホコリを払い、水拭きできるものは水拭きを毎日の掃除に組み入れましょう。

電気や振動も三碧の象意。キッチンにあるフードプロセッサーやブレンダー、コーヒーメーカー、電子レンジも汚れを残さないようにきれいに掃除してください。テレビ、ヘッドホン、スマホなど音にかかわる電化製品もホコリを残さないようにしましょう。

第4章 七赤金星の毎日の運気

2024年の運気

スタートから運気のよさを実感

2024年は結実運からスタートします。仕事など社会的な活動であなたの活躍がひときわ光ります。4月の頂上運までは運気のよさを実感できるはず。その後はいったん落ち込みますが、立ち止まってパワーをチャージするときと考えましょう。秋以降はエネルギーに満ちて、やる気も出てきます。活動的になれば、年末まで波にのっていける運気です。

勝負運にも恵まれる4月は、周囲から注目される存在に。積極的にチャレンジしましょう。7月は新しい出会いに恵まれそう。7月までにエステや資格の勉強などで自分磨きをしておくといいでしょう。10月は再び仕事で一定の実績をあげることができます。注意したいのが5月の停滞運で、運気は不安定に。気分も落ち込みがちですが、そういうときととらえて乗り切ってください。5月は連休もあり、何かと出費が多く

2024年の波動表

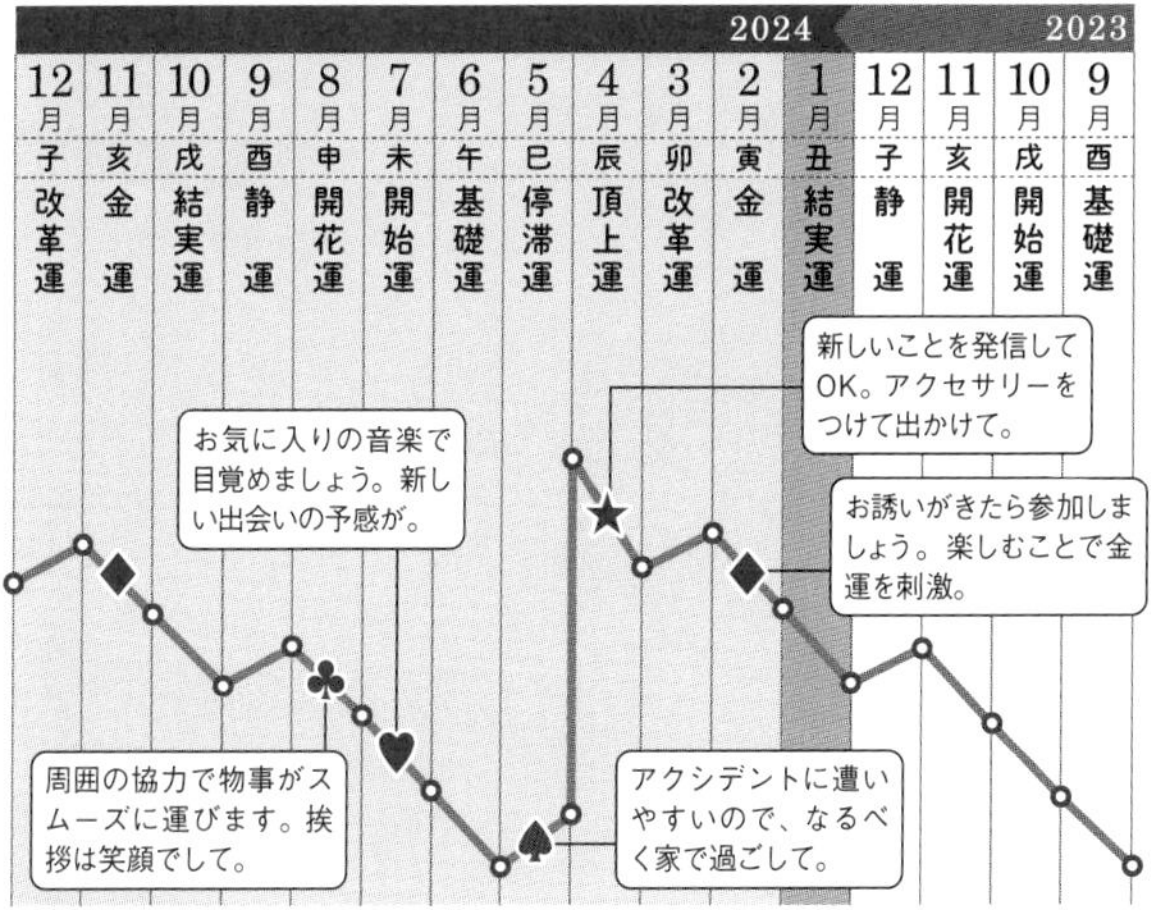

なりそう。金運にも恵まれないので、貯金を減らさないよう努力しましょう。また、2か月間続く自分の月の天中殺には、争いごとは避け、受け身の姿勢で過ごしてください。

9つの運気

停滞運	芽吹きを待つといった冬眠期で、しっかり休んでエネルギーを充電したいリセット期。
基礎運	そろそろ活動しはじめることを考えて、足元をしっかり固めておきたい準備の時期。
開始運	種まきをするときで、物事のスタートを切るのに適している時期。
開花運	成長して花を咲かせるときなので、行動的になり、人との出会い運もアップします。
静　運	運気の波が安定するリセット期。外よりも家庭に目が向き、結婚に適した時期。
結実運	これまでの行動の成果が出るときで、社会的な地位が高まって仕事での活躍が光る時期。
金　運	努力が実を結ぶ収穫期で、金運に恵まれるとき。人付き合いも活発になります。
改革運	今一度自分と向き合いたい変革期。変化には逆らわず、身をまかせたいとき。
頂上運	運気の勢いが最高のとき。これまでの努力に対する結果が現れる、頂上の時期。

★ 強運、♠ 要注意、♥ 愛情運、♦ 金運、♣ 人間関係運

2023
September

9月

基礎運　2023.9.8 〜 2023.10.7

運気は少しずつ回復。これからの下準備を

※生活習慣を見直し、基礎固めをする

運気は徐々に回復しますが、まだ本調子ではありません。悩みや不安は少しずつ薄れ、先の見通しもつくはず。あなたを支えてくれるサポーターも現れ、物事への関心や意欲が湧いてくるでしょう。すぐにでも動き出したくなりますが、焦らないように。生活習慣やこれまでの仕事を振り返るいい機会です。自分の原点に立ち返り、足元を見つめ直しましょう。今後に向けての下調べや情報収集に集中し、チャンスに備えてください。そして、どのようなときもプラス思考に切り替えることが大切。自分にプレッシャーをかけ、努力を続けましょう。

行き当たりばったりの行動や、派手な立ち回りはいい結果になりません。スケジュールを上手に調整し、空いた時間で自分磨きをしましょう。

9月の吉方位	なし
9月の凶方位	北、南、東、西、北東、南東、南西

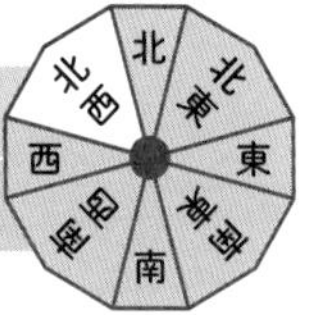

2023 October

開始運 2023.10.8 ～ 2023.11.7

10月

好奇心が旺盛に。忙しいので体調に注意

チャンスをつかむために準備を整えて

運気が上昇し、物事をスタートさせるのに適したタイミングです。考えるのではなく、アクションを起こしていくことが重要です。準備してきたプランを始動させましょう。好奇心は行動力の源。新しいことに興味が湧き、頭が冴《さ》え、アイデアもどんどん浮かんでくるでしょう。もしミスをしても、大きな成功をつかむためのステップだと考えて。困難に直面しても、慌てず落ち着いた行動をとればトラブルは回避できます。周囲の評価を気にすることなくチャレンジを続けましょう。あなたの熱意をアピールすれば、心強い助っ人も現れそうです。

活動的になるので疲れやすくなります。体調のサインは見逃さないで。勢いのあるときだけに、少しでも不調を感じたら、意識して体を休めるようにしてください。

10月の吉方位　南西

10月の凶方位　北、南、東、西、北東、東南東

2023
November

開花運　2023.11.8 〜 2023.12.6

パワー全開の月。新しい交際関係が宝に

❋ 人との交流を活発にし、人脈を広げて

気力・体力とも充実し、パワーがみなぎります。築いてきた人脈がプラスに働くとき。話術が巧みで交際上手なあなたですから、たくさんの人と縁を結ぶことができるでしょう。公私ともに交際範囲を広げ、チャンスをつかんでください。仕事仲間の連携を大切にし、協力し合うとスムーズに事が運びます。ここで築いた人脈は、いざというときにあなたを窮《きゅう》地《ち》から救ってくれ、励ましてくれるでしょう。ギブ&テイクの関係を大切にしてください。あなたが人から頼られたら親身になって、相談にのってあげましょう。

調子がいいあなたのもとへは、いろいろな人が集まってきますが、付き合う相手は選んで。人付き合いから離れ、旅行などでリフレッシュするのもおすすめです。

11月の吉方位　東

11月の凶方位　北、南、北東、北西、南東、南西

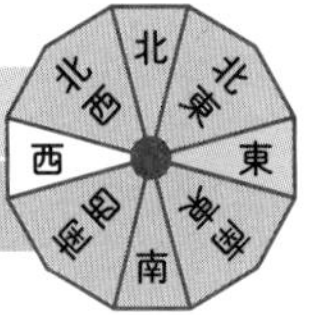

2023 December 12月

静運　2023.12.7 〜 2024.1.5

運気はストップ。家でゆっくり過ごして

※現状維持を心がけ、ゆったり構える

少し休憩し、心穏やかに過ごしたいときです。今月は、無理をせずパワーチャージしましょう。決めたことをきちんとこなしていれば、新しいことに手をつける必要はありません。何事も現状維持ができればＯＫです。ただし、静かに過ごそうとしていても思い通りにいかず、閉塞感を感じることもありそうです。イライラしたり愚《ぐ》痴《ち》ったりすると、状況は悪化するだけ。冷静になり、受け身でいることが大切です。年末でイベントも多いときですが、できるだけ参加は控え、家でゆっくり過ごしましょう。

いつもより体調を崩しやすいので、大掃除も一度に終わらせようとせず、少しずつ進めること。時間に追われると疲れるので、規則正しい生活を送りましょう。

12月の吉方位　北東

12月の凶方位　北、南、東、西、南西

結実運 2024.1.6 〜 2024.2.3

開運3か条

- 腕時計をつける
- 初詣にいく
- 帽子をかぶる

❋仕事運が好調！　多忙な毎日になりそう

仕事運に恵まれた新たな年の幕開けとなります。心身ともにエネルギーに満ちあふれ、物事が順調に進むでしょう。頭の回転の速いあなたは、新しい動きを敏感に察知して今後に生かすことができるはず。独善的にならず、周囲のサポートを得るように心がければ運気の波にのることができます。あなたの強力なサポーターになってくれるのが、上司など目上の人たちです。信頼関係を維持することが重要。また慢心せず、スキルアップや教養を磨くことも忘れないようにしてください。

時間に追われがちになるのでスケジュールを上手にコントロールしましょう。朝食をしっかりとり、エネルギー不足にならないように注意してください。高級ホテルのラウンジでのんびりするのもおすすめです。

1月の吉方位	北、南
1月の凶方位	東、北東、北西、南東、南西

この天中殺の人は要注意

子《ね》丑《うし》天中殺

上司や目上の人とのトラブルに注意してください。想像以上に解決に苦労しそう。信頼関係を維持する努力が必要です。また、交通事故にも要注意。車は丁寧に整備し、常に安全運転を心がけてください。

仕事運

やりがいや達成感を感じ、周囲からの期待に応えられるでしょう。調子がよくてついつい強気になりますが、それがトラブルを呼ぶ原因になりそう。周囲のサポートには素直に感謝の気持ちを言葉にして。ランチや、評判のカフェでご馳走するのもおすすめです。有力者と出会うチャンスもあるので、名刺を忘れないように。

金運

きちんと予算立てをすれば問題はありません。ただし、うっかり収支のバランスを崩さないようにチェックを怠《おこた》らないこと。また、仕事が順調だからとローンを組むのは避けましょう。投資額をアップさせたり、自己投資に関する出費は問題ありません。

愛情運

※子丑天中殺の人は出会いは先にのばして

仕事を通した出会いが期待できます。取引先や上司からの紹介もあるかもしれません。日頃から礼儀正しい振舞いを心がけ、好印象を与えるようにしましょう。パートナーとは残業が多くなり、相手と過ごす時間がとれなくなるかも。ランチ時間を合わせ、お寿司屋さんで食事をすると充実した時間を共有できそうです。

1月のおそうじ風水 ▶ **仕事部屋。余分なものを処分し、机を拭く。**

日	六曜／天中殺 祝日・歳時記	毎日の過ごし方 ★強運日 ♠要注意日 ♥愛情運 ◆金運 ♣人間関係運	吉方位	ラッキーカラー
1 月	赤口／子丑 元日	おせちは根菜の煮物から食べて。パワーアップできます。	東、北西	クリーム色
2 火	先勝／子丑	家族と氏神様へ初詣にいきましょう。ザワつく心が穏やかに。	南東	黒
3 水	友引／寅卯	新年の抱負を人に語ることで、夢に大きく近づきそうな予感。	北東、南東	ベージュ
4 木	先負／寅卯	あまり進展のなかったことが動きそう。手土産は最中が○。	南、東、西	ピンク
5 金	仏滅／辰巳	リップを強調したメイクで外出すると、運気が上がります。	北、北東、北西、南西	赤
6 土	大安／辰巳 小寒	自分をアピールするといいことが。上質なハンカチが開運に。	北、南、西	白
7 日	赤口／午未	お正月に使った食器類の手入れを。七草粥で胃腸を休めて。	南、北東、北西、南東	金色
8 月	先勝／午未 成人の日	♣昔の友人から幸運がもたらされたら、こちらからもお返しを。	東、西	銀色
9 火	友引／申酉	興味があることに挑戦を。みかんを買ったらカゴに入れて。	北西、南東、南西	碧（深緑）
10 水	先負／申酉	ランチはおにぎりがおすすめ。午後から仕事がはかどりそう。	東、北西	黒
11 木	赤口／戌亥	普段選ばないジャンルの本を読むと視野がグンと広がります。	南東	紺色
12 金	先勝／戌亥	★前向きなエネルギーが成果に結びつくかも。まずは行動して。	北東、南東	紫
13 土	友引／子丑	慣れないことをすると失敗しそう。無理せず普段通りでいて。	南、東、西	ピンク
14 日	先負／子丑	感性を刺激することで金運が上昇します。美術館がラッキー。	北、北東、北西、南西	赤
15 月	仏滅／寅卯	キャリアに役立つことを考えて。上司の話は素直に聞くこと。	北、南、西	水色

日	曜日	六曜など	運気	方位	色
16	火	大安／寅卯	自分から時間をつくって、身近な人に向き合ってみましょう。	南、北東、北西、南東	黄色
17	水	赤口／辰巳	予定通りにいかずバタバタするかも。連絡はこまめに確認を。	東、西	黄緑
18	木	先勝／辰巳 土用	♥ 友だちから恋人に発展しそう。一歩踏み出す勇気を持って。	北西、南東、南西	ワインレッド
19	金	友引／午未	オンとオフでしっかり気持ちの切り替えを。服装にも注意。	東、北西	黒
20	土	先負／午未 大寒	♠ 物の見方が偏っているかも。湯船に浸かってリラックスして。	南東	水色
21	日	仏滅／申酉	運気は上々ですが調子にのらず、まわりの空気を読みましょう。	北東、南東	ベージュ
22	月	大安／申酉	一気に状況が変わってしまうかも。デスクの整理整頓が吉。	南、東、西	金色
23	火	赤口／戌亥	◆ ブレスレットをつけて出かけて。臨時収入など嬉しいことが。	北、北東、北西、南西	黄色
24	水	先勝／戌亥	新しい動きがあります。積極的に仲間をサポートすると○。	北、南、西	青
25	木	友引／子丑	大切な書類や持ち物をなくしてしまうかも。時間には余裕を。	南、北東、北西、南東	クリーム色
26	金	先負／子丑	苦手な人との関係が良好になりそう。何事にも笑顔で対応して。	東、西	ペパーミントグリーン
27	土	仏滅／寅卯	友人の話の中に耳寄り情報が。アンテナは立てておくこと。	北西、南東、南西	茶色
28	日	大安／寅卯	気になるオンライン講座なら申し込んで。地道な努力が大事。	東、北西	山吹色
29	月	赤口／辰巳	一生懸命やったことが空回りに。優先順位をつけて行動して。	南東	水色
30	火	先勝／辰巳	★ エネルギーに満ちてやる気が湧いてきます。日中は外回りが○。	北東、南東	オレンジ
31	水	友引／午未	そのときの感情で判断しないこと。親やきょうだいに相談を。	南、東、西	白

＊祝日法の改正により、祝日や休日が一部変更になることがあります。

2024
February

金運　2024.2.4 〜 2024.3.4

開運3か条
- デンタルケアをする
- ジュエリーをつける
- グルメを楽しむ

※ 誘いを断らず、人と交流して開運

あなたの魅力がキラキラ輝き、たくさんの人たちを惹きつけます。これまで縁がなかったタイプや、未知の世界を教えてくれる人との出会いも期待できます。好奇心も旺盛になり、人との交流を大いに楽しめるでしょう。もともと楽しいことが好きで、社交家のあなた。趣味からも人間関係が広がり、充実したプライベートライフを送ることができます。お誘いは断らず、どんどん参加してください。

ただし、いい加減な態度をとると周囲からの信頼を失います。また仕事に影響するような遊び方をしてはいけません。オンとオフのけじめをしっかりつけ、体調も含めた自己管理をしっかりしましょう。疲れを感じたら、澄んだ夜空に輝く星を見てリフレッシュしてください。

2月の吉方位	北、北東、北北西、南南西
2月の凶方位	南、東、西、南東、西南西

この天中殺の人は要注意

寅《とら》卯《う》天中殺

家族内でお墓や相続問題で誤解が生まれそう。特に母親やきょうだいには、誤解されないように丁寧な言葉で話し合うようにしてください。遅刻が大きなトラブルにつながるので注意しましょう。

仕事運 ※寅卯天中殺の人は新規の仕事は先にのばして

ケアレスミスをしやすいので、ダブルチェックを心がけてください。仕事上の飲み会は人脈を広げるチャンスなので、積極的に参加しましょう。初めての訪問には、話題のスイーツを手土産に。また口角を上げた笑顔を忘れず、第一印象の好感度を上げましょう。携帯電話の画面をきれいに拭き、朗報が入りやすいようにして。

金運

交際費や趣味、レジャー費が増えるので、上手なやりくりが必要になります。計画外の出費は控え、少額でもお金の貸し借りは避けましょう。でも、人を喜ばせるための出費はOK。生きたお金の使い方を心がけ、ネットワークを大きく広げていきましょう。

愛情運 ※寅卯天中殺の人は出会いは先にのばして

出会いが多くなり、気になる人と知り合いになれそう。趣味やレジャーなど、好きなことを一緒に楽しめる人とご縁があります。あなたに対する周囲からの注目度が高くなり、気持ちが浮つきがち。不誠実な言動はあなたの評価を落とします。パートナーとは思い出に残るようなバレンタインデーを過ごすと、関係が進展しそう。

2月のおそうじ風水 ▶ ジュエリー。お手入れをして、見せる収納を。

日	曜日	六曜／天中殺 祝日・歳時記	毎日の過ごし方 ★強運日 ♠要注意日 ♥愛情運 ◆金運 ♣人間関係運	吉方位	ラッキーカラー
1	木	先負／午未	お金の流れを見直すといい日。やりくり上手になれるかも。	北、北東、北西、南西	赤
2	金	仏滅／申酉	わずらわしい手続きなどは早めにすませてから仕事を始めて。	北、南、西	銀色
3	土	大安／申酉 節分	家族と一緒に豆まきを。恵方巻を食べながら健康を祈って。	南、北東、北西、南東	キャメル
4	日	赤口／戌亥 立春	ハーブを使った料理を食べて。物事がスムーズに運びます。	東、西	ペパーミントグリーン
5	月	先勝／戌亥	周囲の注目を集めますがSNSのレスポンスはマイペースで。	北西、南東、南西	碧（深緑）
6	火	友引／子丑	プレッシャーを感じることが多いかも。公園を散歩すると◯。	東、北西	キャメル
7	水	先負／子丑	最初に段取りを確認すること。オーガニック食品がラッキー。	南東	黒
8	木	仏滅／寅卯	仕事で大抜擢されるかも。勇気を出して引き受けてみても◯。	北東、南東	紫
9	金	大安／寅卯	目標はなるべく低めに設定し、手堅く進む作戦を立てて。	南、東、西	黄色
10	土	先勝／辰巳	◆交際費は必要経費と考えて。お金のめぐりもよくなります。	北、北東、北西、南西	赤
11	日	友引／辰巳 建国記念の日	転職を考えているなら、専門サイトに登録して情報収集を。	北、南、西	白
12	月	先負／午未 振替休日	家の掃除が◯。本棚の整理で読んでいない本がみつかるかも。	南、北東、北西、南東	金色
13	火	仏滅／午未	意外な発想で問題が解決しそう。同僚との会話がポイント。	東、西	青
14	水	大安／申酉 バレンタインデー	♥チョコレートと一緒に手書きのメッセージカードを添えて。	北西、南東、南西	ワインレッド
15	木	赤口／申酉	思うように進まない日もあります。疲れたらいったん休んで。	東、北西	山吹色

日	曜日	六曜/空亡	マーク	運勢	吉方位	ラッキーカラー
16	金	先勝/戌亥		何かをやろうとすると横やりが入りそう。早めの帰宅が吉。	南東	紺色
17	土	友引/戌亥		落ち着いて行動すればうまくいきそう。化粧ポーチの整理を。	北東、南東	赤
18	日	先負/子丑		部屋の掃除と模様替えをすると、気分も運気も安定します。	南、東、西	ピンク
19	月	仏滅/子丑 雨水		出費をセーブして。お金をかけずに楽しむ工夫をしましょう。	北、北東、北西、南西	黄色
20	火	大安/寅卯		プラス思考はいいのですが、自信過剰はNG。名刺を忘れないで。	北、南、西	銀色
21	水	赤口/寅卯		寒くても窓を開けてフレッシュな空気を入れると運気が好転。	南、北東、北西、南東	クリーム色
22	木	先勝/辰巳	♣	知り合いの紹介で新しい友人ができ、人脈が広がりそう。	東、西	黄緑
23	金	友引/辰巳 天皇誕生日		口にしたことは行動に移して。信頼を高めることができます。	北西、南東、南西	茶色
24	土	先負/午未		新たな趣味を始めるなら陶芸がおすすめ。無心になれそう。	東、北西	キャメル
25	日	仏滅/午未	♠	後ろ向きな態度をとると、相手も嫌気がさしてしまうかも。	南東	白
26	月	大安/申酉	★	直感が冴えています。最初に思ったことがベストな判断です。	北東、南東	赤
27	火	赤口/申酉		リスクはとらないで。打ち合わせをするなら高台のカフェへ。	南、東、西	ピンク
28	水	先勝/戌亥	◆	趣味が収入につながりそう。ワークショップをチェックして。	北、北東、北西、南西	黄色
29	木	友引/戌亥		難しいことも、笑顔で引き受けて。目上からの信頼度アップ。	北、南、西	銀色

2024 March

3月

改革運 2024.3.5 〜 2024.4.3

開運3か条
- 早めに帰宅する
- お寺に行く
- 整理整頓をする

変化に受け身で対応し、リスクを避ける

年度末を迎え、職場やプライベートで大きな変化がありそうです。あなたが望んだことではなくても、静かな気持ちで受け入れることが重要。変化に抗《あらが》おうとしても、消耗するだけです。同時に自分を取り巻く環境も変えたくなりますが、自ら変化を求めないほうがいい運気。二者択一に迷ったら、リスクの少ない道を選ぶようにしましょう。どちらでもいいという投げやりな態度では、よい気を呼び込むことはできません。また決断ができないなら、無理をせず先延ばしにすること。今月は臨機応変な対応が運気の波にのるポイントになります。

周囲の変化が心身のストレスとなり、体調不良の原因になります。生活習慣を見直し健康管理を心がけ、不調を感じるなら早めに受診してください。

3月の吉方位	南
3月の凶方位	北、西、北東、北西、南東、南西

この天中殺の人は要注意

寅《とら》卯《う》天中殺

友人からの頼まれごとは安請け合いすると後々大変なのですぐには引き受けないこと。また、不動産の物件探しや契約を結ぶのは避けたほうが無難。噂話に加わると、信頼を失うことにつながります。

仕事運

職場環境が大きく変わりそうです。実績やプライドに縛られると柔軟な対応ができなくなります。評価は自分でするのではなく周囲にまかせましょう。スケジュール変更が多くなるので、それを考慮して段取りを整えて。新規事業や転職、独立も今は考えないこと。まかされた仕事に全力を尽くすことが大切です。

金運

資金不足に陥《おちい》り、慌ててしまうかも。お金の動きはこまめにチェックしてください。住宅購入、結婚資金など、人生の大きな変化に必要なマネープランを見直して、安全で堅実な金銭管理を心がけましょう。見栄を張ると、金運だけでなく信用も落とします。

愛情運

恋愛はお休みモード。将来の出会いに向けて準備するときです。新しい出会いを求めるより、あなたの魅力をブラッシュアップさせ、感性や教養を磨きましょう。気になる人とは適度な距離を保つこと。マンネリ気味のカップルは焦らず現状維持で。相談ごとは親戚にすると、新しい観点を知り、解決の糸口がみつかるかも。

3月のおそうじ風水 ▸ **引き出し。中身を全部出して、水拭きして。**

★強運日　♠要注意日　♥愛情運　◆金運　♣人間関係運

日	曜	六曜／天中殺 祝日・歳時記	毎日の過ごし方	吉方位	ラッキーカラー
1	金	先負／子丑	思い通りにならないかも。家族との会話で気持ちが静まります。	南、北東、北西、南東	金色
2	土	仏滅／子丑	頼まれてもすぐに引き受けないで。ヘアスタイルを変えると○。	東、西	青
3	日	大安／寅卯 桃の節句(ひな祭り)	♥桃の花を飾りひな祭りを祝って。好きな人から連絡があるかも。	北西、南東、南西	ワインレッド
4	月	赤口／寅卯	コツコツ進めていたことの見通しがつきそう。寄付を検討して。	東、北西	キャメル
5	火	先勝／辰巳 啓蟄	疲れたらカフェでひと休みを。思考もクリアになります。	南東	白
6	水	友引／辰巳	勝負ごとに強い日。ためらわずにチャレンジすることが大事。	北東、南東	赤
7	木	先負／午未	理不尽なことを言われても怒らず、冷静に聞き流しましょう。	南、東、西	ピンク
8	金	仏滅／午未	仕事に身を入れること。ダイヤのアクセサリーをつけると吉。	北、北東、北西、南西	黄色
9	土	大安／申酉	自分の判断基準を周囲に強要しないで。繁華街の店で食事を。	北、南、西	銀色
10	日	友引／申酉	ランチは手作りが○。チーズサンドでパワーをチャージして。	南、北東、北西、南東	金色
11	月	先負／戌亥	情報通の友人に連絡をとると、興味のある話が聞けそうです。	東、西	青
12	火	仏滅／戌亥	相手との関係にマンネリを感じるならひとりの時間を大切に。	北西、南東、南西	ワインレッド
13	水	大安／子丑	計画が妨害されるかも。朝活で気持ちを整えてから外出して。	東、北西	キャメル
14	木	赤口／子丑 ホワイトデー	親しき仲にも礼儀あり。受け身でいると穏やかに過ごせます。	南東	黒
15	金	先勝／寅卯	★エネルギー満タン。積極的に動き、さらなる運を引き寄せて。	北東、南東	紫

16 土	友引／寅卯	思ったことが顔に出やすいので注意。慎重な舵取りが大事。	南、東、西	黄色
17 日	先負／辰巳 彼岸入り	華やかな場所で過ごすとラッキー。笑顔を忘れないこと。	北、北東、北西、南西	白
18 月	仏滅／辰巳	苦手な先輩に同行することになるかも。自然体でいましょう。	北、南、西	青
19 火	大安／午未	スケジュールを調整して早めに帰宅。家族との団らんを大切に。	南、北東、北西、南東	クリーム色
20 水	赤口／午未 春分の日	♣ お墓参りにいき、丁寧にお墓を磨いて。物事がスムーズに。	東、西	黄緑
21 木	先勝／申酉	耳寄りな情報をキャッチしそう。他の人にも教えましょう。	北西、南東、南西	赤
22 金	友引／申酉	実生活に役立つ趣味がみつかりそう。仕事では脇役に徹して。	東、北西	キャメル
23 土	先負／戌亥 彼岸明け	♠ 不満を口にしないこと。コットンシャツで外出しましょう。	南東	紺色
24 日	仏滅／戌亥	インテリアの写真を見て部屋の模様替えをすると幸運が。	北東、南東	ベージュ
25 月	大安／子丑	余った料理をアレンジするリメイクレシピに挑戦すると◯。	南、東、西	ピンク
26 火	赤口／子丑	◆ 少女アイドルの曲を聴きましょう。元気になり金運もアップ。	北、北東、北西、南西	赤
27 水	先勝／寅卯	仕事運にツキあり。忙しい中でも気持ちは充実しています。	北、南、西	水色
28 木	友引／寅卯	お風呂にゆっくり入りリラックスして。運気も安定します。	南、北東、北西、南東	金色
29 金	先負／辰巳	笑顔を心がけると好感度が上がります。協力者が現れるかも。	東、西	ペパーミントグリーン
30 土	仏滅／辰巳	ナチュラルメイクで外出しましょう。チャンスを生かせそう。	北西、南東、南西	茶色
31 日	大安／午未	ガーデニングや野菜作りで土いじりを。先の見通しがつきます。	東、北西	山吹色

2024
April
4月

頂上運 2024.4.4 〜 2024.5.4

開運3か条
- 力を出し惜しみしない
- 正々堂々を心がける
- 短気は起こさない

望み通りにことが運ぶ幸運期

春の到来とともに、これまで努力してきたことの成果が出ます。フルパワーで活動でき、周囲からの評価も高くなります。勝負運にも恵まれるので「いけそうだ！」と思ったら、自信を持ってチャレンジしてください。運気のよさを実感できない人は、これまでの努力が足りないということ。次の頂上運に向けて、さらなる努力を続けましょう。また、何事も明暗が分かれる運気です。嘘や秘密が明るみに出たとしても、言い訳はせず、自分の非を認めて。それが評価につながります。

苦手なことや後回しにしていたことは、このタイミングで片づけて。向学心が高くなり、学習効果が出やすくなります。この運気を生かしてステップアップを目指して、幸運を引き寄せましょう。

4月の吉方位	北東、南東
4月の凶方位	北、南、東、西、北西、南西

この天中殺の人は要注意

辰巳《たつみ》天中殺

落雷に遭ったような衝撃的なことが起きそう。かなり体力を消耗するので、柑橘類でビタミンC補給を心がけてください。詐欺に遭いやすい運気になります。十分に注意してください。

仕事運 ※辰巳天中殺の人は新しい仕事は先にのばして

部署の再編、異動などがあり大抜擢をつかむチャンス。望んでいたポジションや重要プロジェクトに配置される可能性もあります。それに伴い対人関係の入れ替わりもありそう。引き立て運にも恵まれ、有力者の目に留まるかも。常に身だしなみを整え、手鏡で確認を。靴をピカピカに磨くことも忘れないでください。

金運

身だしなみを整える出費が増えそう。これは必要経費なので、セーブしてはいけません。くじ運があるので、宝くじ購入もいいかも。購入するなら日中がおすすめです。同僚や友人にご馳走をすると、使ったお金が大きく育ち、あなたのもとへ帰ってきます。

愛情運 ※辰巳天中殺の人は出会いは先にのばして

ひと目惚れしそうな運気です。一瞬で激しい恋に落ちても、長続きはあまり期待できません。安定した関係を望むなら、日中にデートしてお互いの内面を知るようにしましょう。パートナーとは信用できずに、別れを選択することになるかも。別れは新しい出会いの始まり。離れていく人を追うより、新しい恋の準備をしましょう。

4月のおそうじ風水 ▶ リビング。窓を磨いて太陽の光を入れて。

日	六曜／天中殺 祝日・歳時記	毎日の過ごし方 ★強運日 ♠要注意日 ♥愛情運 ◆金運 ♣人間関係運	吉方位	ラッキーカラー
1 月	赤口／午未	数字の入力などのうっかりミスに注意。念入りに確認して。	南東	黒
2 火	先勝／申酉	プレゼンは成果を出している自分をイメージしてからのぞんで。	北東、南東	ベージュ
3 水	友引／申酉	環境に変化が。デスクの上を片づけて山の写真を飾ると○。	南、東、西	黄色
4 木	先負／戌亥 清明	身近な人にお金を使うといい循環に。お金の貸し借りはＮＧ。	北、北東、北西、南西	金色
5 金	仏滅／戌亥	心にゆとりが持てそう。困っている人がいたら声をかけて。	北、南、西	青
6 土	大安／子丑	家族と出かけるなら手作り弁当持参で。運気が安定します。	南、北東、北西、南東	クリーム色
7 日	赤口／子丑	ＳＮＳでは気持ちがうまく伝わりません。直接会って話して。	東、西	銀色
8 月	先勝／寅卯	色とりどりのチューリップの花を飾ると、ポジティブ思考に。	北西、南東、南西	ワインレッド
9 火	先負／寅卯	意欲的に物事に取り組めないかも。早めに就寝しましょう。	東、北西	山吹色
10 水	仏滅／辰巳	♠ 余力はありません。段取りを確認して始めるとリスク回避に。	南東	白
11 木	大安／辰巳	★ 自分の長所が生かせる機会が。積極的にアピールしましょう。	北東、南東	オレンジ
12 金	赤口／午未	人間関係に敏感になりそう。肩の力を抜いて付き合ってみて。	南、東、西	ピンク
13 土	先勝／午未	◆ 計画的な出費を心がけ、趣味やレジャーを思いきり楽しんで。	北、北東、北西、南西	赤
14 日	友引／申酉	多面的な物の見方が必要。上司や部下からの信頼度がＵＰ！	北、南、西	銀色
15 月	先負／申酉	キャッチセールスやワンクリック詐欺に注意。不用品の整理を。	南、北東、北西、南東	キャメル

日	曜日	六曜／干支	運気	方位	色
16	火	仏滅／戌亥 土用	アイデアが浮かばないかも。同僚と食事しながら企画を練って。	東、西	青
17	水	大安／戌亥	♥ 遠い存在だと思っていた人に接近。チャンスとみたら即行動を。	北西、南東、南西	碧（深緑）
18	木	赤口／子丑	パワーは低めです。ブローチをつけて華やかさをプラスして。	東、北西	山吹色
19	金	先勝／子丑 穀雨	身だしなみをチェックして。見えない部分も気を遣いましょう。	南東	紺色
20	土	友引／寅卯	中途半端ではなく本気を出してみましょう。努力が実る予感。	北東、南東	ベージュ
21	日	先負／寅卯	迷っているなら断る勇気も必要。公園のベンチでひと休みして。	南、東、西	キャメル
22	月	仏滅／辰巳	ライブなど人が集まるスポットへ。お金の流れがよくなりそう。	北、北東、北西、南西	金色
23	火	大安／辰巳	周囲への気配りが高評価に。移動にタクシーを使うとラッキー。	北、南、西	白
24	水	赤口／午未	出費が多くなかなか貯金ができないかも。アプリでの管理が◯。	南、北東、北西、南東	黄色
25	木	先勝／午未	♣ 思いを込めてプレゼンをすると情熱が伝わり、心強い協力者が。	東、西	青
26	金	友引／申酉	新しい計画を始める機会がありそう。友だちの誘いにのっても。	北西、南東、南西	赤
27	土	先負／申酉	少しでも寂しいと感じたら、母親に連絡してみて。喜ばれます。	東、北西	山吹色
28	日	仏滅／戌亥	♠ エネルギーは低めです。充実した食事で心にも栄養を与えて。	南東	水色
29	月	大安／戌亥 昭和の日	★ 積極的に動くことで実力が認められ、信頼度がアップします。	北東、南東	紫
30	火	赤口／子丑	情に流されてお金を使うのはNG。必要なものだけを購入して。	南、東、西	ピンク

2024 May

5月

停滞運 2024.5.5 〜 2024.6.4

開運3か条
- 靴下を履く
- エコを心がける
- 温泉に行く

孤立無援でも焦らず、状況分析を

停滞運を迎えエネルギーは低めです。活動的になるより、エネルギーを蓄えるべきとき。無理に状況を好転させようとしても、空回りするだけで思い通りになりません。また、アクシデントは起こるものと覚悟して行動しましょう。早めの連絡や、一歩控えた言動がダメージを軽減します。周囲の期待に応えようとせず、目の前の課題をクリアすることに集中してください。残業は避け、早めに帰宅して家族との時間を大切に。そして音楽鑑賞や読書で内面を高めましょう。資格取得の勉強やお稽古ごとを始めるのもおすすめです。

起床後はミネラルウォーターを飲み、体内を浄化させましょう。ゆったり入浴し、リラックスタイムを過ごして。水回りの掃除は運気も安定させるのでこまめに。

5月の吉方位	南東
5月の凶方位	北、南、東、西、北東、北西、南西

PRESENT

『九星別ユミリー風水』16周年記念
読者プレゼント

読者の皆さまへ感謝の気持ちを込めて、
プレゼント企画を実施中です。

＼金運UP！／
招き猫

ゴールドのかわいらしい招福金運招き猫。
金運はもちろん、人を呼び込んで人気運もアップ。
玄関に向かって正面の位置
もしくは西の方角に置くと○。

A賞
招き猫
5名様

B賞
図書カード（1000円）
20名様

応募方法

大和書房ユミリーサイトへアクセス！
https://www.daiwashobo.co.jp/yumily/

携帯電話は
こちらから

ユミリープレゼント　で検索

応募フォームに必要事項をご記入のうえ、
ご希望の商品を選んでください。

▶▶ 応募締め切り
2024年2月29日（木）

この天中殺の人は要注意

辰巳《たつみ》天中殺

油断が大きなミスにつながります。どんなことも手を抜かず、ダブルチェックを忘れないように。頑固になると、身動きがとれなくなります。相談ごとは実母か、子どもを持つ女性の友人に。

仕事運

積極的な姿勢は裏目に出ます。プレゼンをしても期待していた結果は出ないかもしれません。不平不満を口にしたり、嫉妬《しっと》心を持つと運気はさらに下がります。淡々と丁寧に自分の仕事をこなし、冷静に状況分析して今後に備えてください。職場での噂話には絶対に参加しないで。仕事のメールをプライベートで使うのも禁物。

金運

今月は金運も低迷します。増やすより減らさない努力が必要。買い物のために貯金を崩すことやギャンブルは控えるべきです。スマホの家計簿アプリなどを活用してお金の使い方を意識しましょう。語学や資格取得の勉強、美容などへの出費はOKです。

愛情運

寂しさから恋のチャンスを求めると、不倫などよからぬ縁を引き寄せそうです。また、気になる人とは距離が縮まらず、苦手な人から言い寄られることもありそう。今は新しい出会いのために魅力を磨く時期と割り切りましょう。パートナーに対しては不満やイライラが募りがち。思い込みで相手を責めてはいけません。

5月のおそうじ風水 ▶ トイレ。掃除をし、スリッパなどは洗濯を。

★強運日　♠要注意日　♥愛情運　◆金運　♣人間関係運

日	曜	六曜／天中殺 祝日・歳時記	毎日の過ごし方	吉方位	ラッキーカラー
1	水	先勝／子丑 八十八夜	◆飲み会では盛り上げ役になって。明るいキャラで人気者に。	北、北東、北西、南西	金色
2	木	友引／寅卯	仲間の手助けをたくさんすると、信頼がグンと深まります。	北、南、西	白
3	金	先負／寅卯 憲法記念日	親戚の子どもにプレゼントの用意を。喜ぶ顔を思い浮かべて。	南、北東、北西、南東	クリーム色
4	土	仏滅／辰巳 みどりの日	友だちを誘ってレジャーにいくと、心身ともに満たされそう。	東、西	ペパーミントグリーン
5	日	大安／辰巳 こどもの日 立夏	♥笑顔を絶やさないことで、あなたの魅力が相手に伝わります。	北西、南東、南西	ワインレッド
6	月	赤口／午未 振替休日	クローゼットの整理整頓を。ずっと着ていない服は処分して。	東、北西	黒
7	火	先勝／午未	ペースを乱されイライラしそう。水を飲んでひと息ついて。	南東	紺色
8	水	仏滅／申酉	あなたを引き立ててくれる人が。不満は口にしないこと。	北東、南東	ベージュ
9	木	大安／申酉	上手なお金の使い方について、いいアドバイスをもらえそう。	南、東、西	キャメル
10	金	赤口／戌亥	感情的になりすぎて後悔しそう。好きな歌でストレス発散を。	北、北東、北西、南西	赤
11	土	先勝／戌亥	市場へ行きグルメを楽しんで。ランチはお寿司がおすすめ。	北、南、西	銀色
12	日	友引／子丑 母の日	贈り物はモノよりコトを。母親と一緒に掃除するとGOOD。	南、北東、北西、南東	黄色
13	月	先負／子丑	友だちの友だちなど、少し離れた人から幸せが舞い込みそう。	東、西	黄緑
14	火	仏滅／寅卯	疲れを感じたら新茶を飲んで。自分のペースを守れます。	北西、南東、南西	茶色
15	水	大安／寅卯	新しいことに着手すると知識や教養もしっかり身につきそう。	東、北西	山吹色

日	曜	六曜／干支	運気	吉方位	ラッキーカラー
16	木	赤口／辰巳	行き違いから誤解されるかも。寝る前に翌日の服を準備して。	南東	水色
17	金	先勝／辰巳	★ 仕事が一段落し、これまでの努力が報われるかもしれません。	北東、南東	赤
18	土	友引／午未	臨機応変な対応が求められます。肉料理でスタミナ補給して。	南、東、西	ピンク
19	日	先負／午未	見栄を張った散財はＮＧ。目的のある支出を心がけましょう。	北、北東、北西、南西	金色
20	月	仏滅／申酉 小満	尊敬する目上の人からアドバイスが。新たな成長になります。	北、南、西	白
21	火	大安／申酉	不用品はまとめてフリマアプリに出品。プチ収入になるかも。	南、北東、北西、南東	クリーム色
22	水	赤口／戌亥	♣ 次のステップにいきたいなら、考えるより行動しましょう。	東、西	青
23	木	先勝／戌亥	パートナーを気遣うことでふたりの関係と信頼が進展します。	北西、南東、南西	碧（深緑）
24	金	友引／子丑	体調がイマイチすぐれない人は食事と睡眠を見直しましょう。	東、北西	黒
25	土	先負／子丑	♠ 窓を開け空気の入れ換えを。コップ1杯の水を飲むと運気回復。	南東	白
26	日	仏滅／寅卯	窓ガラスをピカピカに磨いて。明日への英気が養えます。	北東、南東	オレンジ
27	月	大安／寅卯	当てがはずれることがありそうです。変化にはうまく対応を。	南、東、西	ピンク
28	火	赤口／辰巳	話題のスイーツショップへ。甘い香りに包まれ幸せな気分に。	北、北東、北西、南西	黄色
29	水	先勝／辰巳	取捨選択がうまくいくかも。大事なことは忘れずにメモをして。	北、南、西	青
30	木	友引／午未	プライベートを優先してＯＫ！ 夕食はデリバリーでピザを。	南、北東、北西、南東	キャメル
31	金	先負／午未	人から頼りにされ忙しい日。玄関を掃除してから出かけると◯。	東、西	ペパーミントグリーン

基礎運　2024.6.5 〜 2024.7.5

開運3か条
- 大豆を食べる
- シーツを洗濯する
- 鉢植えを育てる

地道な努力を続け、基礎固めをして

先の見通しは立ちますが、まだ本調子ではありません。今は前進ではなくしっかりとした計画を立てるときです。結果を求めず慎重に物事を進め、自己主張は控えるように。他人をサポートすることを心がけ、地味な作業をコツコツと積み重ねることが、あなたの将来につながります。他人に頼らず、人が嫌がる仕事を率先して引き受け、個人よりチームワークを優先させてください。それが思わぬ抜擢につながる可能性もあります。

技術の習得は成果があがりやすい運気です。朝の時間を利用して学習しましょう。梅雨入りで体調を崩しがちですが、野菜中心のヘルシーな食事と質のよい睡眠を心がけてください。寝室を整え、ベッドや枕など寝具にこだわるのもおすすめです。

6月の吉方位	北北西
6月の凶方位	北、南、西、北東、南東、南西

この天中殺の人は要注意

午未天中殺《うまひつじ》

子どもや部下に関するアクシデントが起きそう。助けを求めても、応えてくれる人は少ないかもしれません。思い込みで行動すると、周囲の信頼を失うことになります。静かに過ごすように努めて。

仕事運 **※午未天中殺の人は新しい仕事は先にのばして**

ルーティンワークを押しつけられても、怠《なま》け心を出さず、まじめに取り組みましょう。あえて厳しい道を選ぶと、あなたの隠されていた可能性に気づくかもしれません。なかなか思うように進まなくても諦めることなく、粘り強く前を見て進んでいきましょう。コミュニケーションは丁寧な言葉を意識することが大切です。

金運

出費内容を見直し、細かく予算を立てましょう。予算内で収める買い物の工夫をしてください。アルバイトや副業を始めるのもいい運気です。エコ性能の高いものであれば、キッチン家電の買い替えはOK。スポーツクラブやお稽古の出費は自己投資と考えて。

愛情運 **※午未天中殺の人は新しい出会いは先にのばして**

あなたが努力する姿に惹かれる人がいそうです。ナチュラルメイクで明るい笑顔を忘れないことも重要。アプローチするより、アプローチされる関係のほうが長続きします。パートナーとは次のステップに進むことを焦らず、今の関係を大切にしてください。相手の気持ちを尊重すれば、少しずつ進展するはずです。

6月のおそうじ風水 ▸ **ベランダ。床を掃除し排水溝もチェック。**

日	六曜／天中殺 祝日・歳時記	毎日の過ごし方 ★強運日 ♠要注意日 ♥愛情運 ◆金運 ♣人間関係運	吉方位	ラッキーカラー
1 土	仏滅／申酉	推し活に時間を使うとモチベーションアップ。失言に注意。	北西、南東、南西	ワインレッド
2 日	大安／申酉	早めに起きて朝活を。ウォーキングをすると幸せな時間に。	東、北西	山吹色
3 月	赤口／戌亥	♠感情的になりやすい日。残業はせずに帰宅し、早めの就寝を。	南東	紺色
4 火	先勝／戌亥	★上昇運にのって仕事も思い切り楽しめます。新しいネイルが◯。	北東、南東	ベージュ
5 水	友引／子丑 芒種	環境の変化で気持ちが落ち着きません。山の写真がお守りに。	南、東、西	キャメル
6 木	大安／子丑	◆気になっていたお店に立ち寄って。有意義な時間になりそう。	北、北東、北西、南西	金色
7 金	赤口／寅卯	高層ビルから街を見下ろすと、ポジティブな考えになります。	北、南、西	銀色
8 土	先勝／寅卯	将来を見据えたマネープランを。財テクセミナーにいっても。	南、北東、北西、南東	黄色
9 日	友引／辰巳	サロンで髪質改善を。梅雨でも髪が広がらず気分もアップ！	東、西	黄緑
10 月	先負／辰巳 入梅	ベッドカバーをさわやかな花柄にして。ひらめきがあります。	北西、南東、南西	茶色
11 火	仏滅／午未	気になる習いごとを検索して。自分に合ったものがあるかも。	東、北西	山吹色
12 水	大安／午未	ワンマンな態度はＮＧ。チームプレーを重視して現状維持を。	南東	黒
13 木	赤口／申酉	リモートワークも身だしなみは整えて。やる気が上昇します。	北東、南東	赤
14 金	先勝／申酉	食器を買うならスタッキングタイプを。食器棚もすっきり。	南、東、西	ピンク
15 土	友引／戌亥	趣味やレジャーを楽しんで。ブレスレットをつけると吉。	北、北東、北西、南西	黄色

16	日	先負／戌亥 父の日	父親に日頃の感謝を素直に伝えて。贈り物も一緒に渡すと○。	北、南、西	白
17	月	仏滅／子丑	おやつは金箔がのった和菓子と緑茶が吉。リフレッシュして。	南、北東、北西、南東	クリーム色
18	火	大安／子丑	♣ 飛行機のチケットを買うといい日。想像が形になるかも。	東、西	ペパーミントグリーン
19	水	赤口／寅卯	♥ 趣味を始めると良縁に恵まれます。言葉遣いは丁寧にして。	北西、南東、南西	ワインレッド
20	木	先勝／寅卯	ふるさと納税の返礼品は植物を。成長が楽しみになります。	東、北西	キャメル
21	金	友引／辰巳 夏至	不安や心配ごとで頭がいっぱいになりそう。長めに入浴を。	南東	紺色
22	土	先負／辰巳	努力をしてきた人は願いが叶うかも。アウトドアで過ごして。	北東、南東	オレンジ
23	日	仏滅／午未	髪型やメイクをしばらく変えていない人は大胆にイメチェンを。	南、東、西	金色
24	月	大安／午未	◆ 自分に似合うアイテムをみつけたら迷わず購入してOKです。	北、北東、北西、南西	白
25	火	赤口／申酉	先輩のアイデアを取り入れましょう。意外と効率がアップ！	北、南、西	銀色
26	水	先勝／申酉	突発的なアクシデントが起こっても、落ち着いて対処して。	南、北東、北西、南東	黄色
27	木	友引／戌亥	周囲のサポートがありそう。感謝の気持ちを忘れないように。	東、西	青
28	金	先負／戌亥	花屋で小さなブーケを買いましょう。幸せを引き寄せます。	北西、南東、南西	赤
29	土	仏滅／子丑	誰かに泣きつかれても安請け合いは禁物です。冷静な判断を。	北西、南東、南西	茶色
30	日	大安／子丑	♣ 人間関係が充実しそう。壁を感じている人と交流してみては。	東、西	黄緑

2024 July 7月

開始運 2024.7.6～2024.8.6

開運3か条
- レモンスカッシュを飲む
- 好きな言葉を書く
- コンサートへ行く

計画にゴーサインを出すチャンス

準備してきたことや、やりたいと思ったことを行動に移すべき運気がめぐってきました。自然とテンションが上がり、充実感に包まれるでしょう。興味のある情報をキャッチしたら、とにかく参加してみましょう。あなたの新しい可能性がみつかるかもしれません。消極的な姿勢では、せっかくのチャンスを逃してしまいます。自信を持ってチャレンジすることが開運の鍵。ただし、始めたことは最後までやり抜くことが重要です。

周囲の注目が集まるので華やかに振舞いたくなりますが、等身大の自分を忘れないようにしてください。わかりやすい言葉でゆっくり話し、誤解を招かないように心がけることも大切です。好きな音楽を聴き、リラックスすることを忘れないようにしましょう。

7月の吉方位	南東、南西、北北西
7月の凶方位	北、南、東、西、北東

この天中殺の人は要注意

午《うま》未《ひつじ》天中殺

思いもよらない事態に慌てそうです。状況は静かに受け入れるしかありません。契約書や委任状の記入は、他の人のチェックを受けること。不満を口にするとさらに運気が下がるので注意してください。

仕事運 **※午未天中殺の人は新しい仕事は先にのばして**

新プロジェクトや頓挫していた計画が動き出すでしょう。メールや電話は素早く丁寧な対応を。いつでもチャンスをつかめるようにスマホは忘れないようにしてください。若い世代をチームに加えると、思いがけない成果も。気ぜわしくなり人の話を最後まで聞かないことが増えそう。早合点はミスにつながるので注意して。

金運

必要なときに必要なお金が自然とめぐってきそう。本当に欲しいものや交際費は気持ちよく使えば大丈夫です。ネット通販に運があるので、掘り出し物や価値があるものが購入できるかも。株の購入を始めるのにも適した運気。ただし、詐欺には注意を。

愛情運 **※午未天中殺の人は新しい出会いは先にのばして**

人が集まる場所にチャンスが隠れています。また、知人や友人の紹介で恋が始まるかもしれません。あなたの社交性を発揮して、積極的に話しかけてみましょう。ただし、自分の話ばかりしないこと。パートナーとは次のステップに進むかも。不誠実な言動をしていると関係解消という結果にもなりかねません。

7月のおそうじ風水 ▶ スマートフォン。画面をピカピカに磨いて。

日	曜日	六曜／天中殺 祝日・歳時記	毎日の過ごし方	吉方位	ラッキーカラー
1	月	赤口／寅卯 半夏生	転職を考えているなら、その前にスキルアップや資格取得を。	南、北東、北西、南東	黄色
2	火	先勝／寅卯	予定より早く仕事が終わりそう。定時で上がって自分時間を。	北、南、西	青
3	水	友引／辰巳	◆話題のグルメを堪能して。楽しい時間が過ごせ金運もアップ。	北、北東、北西、南西	赤
4	木	先負／辰巳	大きな買い物は避けましょう。レンタルやサブスクの検討を。	南、東、西	キャメル
5	金	仏滅／午未	夢に向かって前進できるかも。大事なことは日中にすませて。	北東、南東	オレンジ
6	土	赤口／午未 小暑	内面の充実を心がけたい日。洗濯槽やフィルターの掃除が○。	南東	白
7	日	先勝／申酉 七夕	出しゃばらないこと。そうめんに夏野菜の天ぷらを添えて。	東、北西	黒
8	月	友引／申酉	思いつきで動かないほうがいい日。後輩との会話にヒントが。	北西、南東、南西	碧（深緑）
9	火	先負／戌亥	コミュニケーションセミナーに参加すると身につきそう。	東、西	ペパーミントグリーン
10	水	仏滅／戌亥	根も葉もない噂を耳にするかも。早めに帰宅し、家でゆっくり。	南、北東、北西、南東	金色
11	木	大安／子丑	上司に意見するのは避け、言われたことには素直に従って。	北、南、西	水色
12	金	赤口／子丑	趣味への出費は惜しまないように。仕事への情熱も高まります。	北、北東、北西、南西	白
13	土	先勝／寅卯	何も考えずに、流れに身をまかせて。親に電話しましょう。	南、東、西	ピンク
14	日	友引／寅卯	気力・体力とも充実します。投資額をアップしてもいいかも。	北東、南東	ベージュ
15	月	先負／辰巳 海の日	♠なんとなく気分が沈みがちです。念入りに部屋の掃除をして。	南東	紺色

★強運日 ♠要注意日 ♥愛情運 ◆金運 ♣人間関係運

16	火	仏滅／辰巳		ライフスタイルを変えて新習慣を。理想の自分に近づけそう。	東、北西	クリーム色
17	水	大安／午未	♥	友だちからの紹介で、落ち着いた雰囲気の人と出会えるかも。	北西、南東、南西	赤
18	木	赤口／午未	♣	何事もひとりではなく、周囲を巻き込んで行動してみると◯。	東、西	青
19	金	先勝／申酉 土用		仕事は簡単なことから始めましょう。安定志向を心がけて。	南、北東、北西、南東	黄色
20	土	友引／申酉		リサイクル品にツキあり。よいものが安く手に入ります。	北、南、西	銀色
21	日	先負／戌亥		レジャーを楽しむ機会が増えそう。なるべく現金払いにして。	北、北東、北西、南西	金色
22	月	仏滅／戌亥 大暑		感情的にならないで。言いたいことは箇条書きにして伝えて。	南、東、西	キャメル
23	火	大安／子丑	★	まわりから注目されます。リーダーシップを発揮してOK！	北東、南東	赤
24	水	赤口／子丑		よかれと思って勝手に仕切ってしまうと強引と思われるかも。	南東	黒
25	木	先勝／寅卯		先輩の話を聞き、以前のやり方を踏襲するとうまくいきそう。	東、北西	山吹色
26	金	友引／寅卯		清潔なハンカチを持ち歩くことで、恋愛運がアップします。	北西、南東、南西	ワインレッド
27	土	先負／辰巳		思っているだけでは進みません。計画を行動に移しましょう。	東、西	銀色
28	日	仏滅／辰巳		部屋の模様替えや、読書をするなど家の中で過ごすと吉。	南、北東、北西、南東	黄色
29	月	大安／午未		自分から動きましょう。時計の盤面はきれいに磨いて。	北、南、西	白
30	火	赤口／午未		仕事に身を入れること。流行のファッションを先取りすると◯。	北、北東、北西、南西	赤
31	水	先勝／申酉		衝動買いは要注意。1日考えてから買いにいくようにして。	南、東、西	金色

2024 August

8月

開花運 2024.8.7 〜 2024.9.6

開運3か条
- 暑中見舞いを出す
- 抹茶を飲む
- 空港に行く

❋周囲の協力で、目標に近づけそう

チャンスは人が運んでくるもの。今月は人に恵まれ、人脈を広げるときです。仕事でもプライベートでも新しい出会いが多くなり、さまざまな可能性が広がるでしょう。パーティーやレジャーのお誘いにはできるだけ参加してください。ただし、打算的な気持ちで人に近づくと、下心のある人を呼び寄せてしまうので注意すること。笑顔を心がけ噂話には参加せず、人を攻撃しないことが重要です。

遠方の友人から思いがけないチャンスが舞い込むかもしれません。SNSだけでなく、直接会って親交を深めましょう。外出の機会が多いだけに、扇子を持ち歩いて熱中症などにならないようにしてください。風鈴の音色が疲れた心身を癒してくれます。

8月の吉方位	なし
8月の凶方位	北、南、北東、北西、南東、南西

この天中殺の人は要注意

申《さる》酉《とり》天中殺

マイペースを心がけ、周囲に引きずられないようにしましょう。新しいことに手を出さず、リスクをとらないこと。家や土地にかかわる話には慎重に対応することが重要です。熱中症に注意してください。

仕事運

情報収集力を発揮して全力で仕事に取り組みましょう。毎日、ニュースのチェックを欠かさないこと。周囲のサポートも得られ、期待以上の収穫が得られそうです。プレゼンや商談は思い通りの結果に。ただし、誤解されそうな表現やビッグマウスは、信頼を失うことにつながるので注意してください。

金運

人付き合いが活発になるので、交際費は増えます。それを意識して予算を多めにとっておくこと。レジャーや帰省に飛行機を利用すると運気の波にのることができます。また旅先では郷土料理を食べたり、お土産の費用をセーブしないようにしてください。

愛情運

※申酉天中殺の人は新しい出会いは先にのばして

出会いが多くなりますが、トラブルも増えます。付き合う相手は条件だけでなく、人柄を見極めて選ぶことが大切です。デートは浴衣や抹茶など日本情緒を楽しむのがおすすめ。意中の人には、積極的なアプローチが効果的かも。パートナーとは一緒にいる時間が短くなっても、信頼がゆるがないなら次のステップへ。

8月のおそうじ風水 ▶ 玄関。三和土《たたき》を念入りに拭きお香を焚いて。

日	六曜／天中殺 祝日・歳時記	毎日の過ごし方 ★強運日 ♠要注意日 ♥愛情運 ◆金運 ♣人間関係運	吉方位	ラッキーカラー
1 木	友引／申酉	行動範囲を広げると大きな収穫があるかも。集中力を高めて。	北東、南東	紫
2 金	先負／戌亥	♠疲れやすいのでおとなしく過ごしましょう。冷蔵庫の整理を。	南東	水色
3 土	仏滅／戌亥	スポーツで体を動かして幸運を引き寄せて。公園の散歩も○。	東、北西	黒
4 日	先勝／子丑	♥進展はスローですが落ち着いた恋ができそう。言動に注意。	北西、南東、南西	赤
5 月	友引／子丑	素敵なサプライズがありそう。アロマの香りでリラックス。	東、西	ペパーミントグリーン
6 火	先負／寅卯	大事な約束を忘れがち。外出前にスケジュールを再確認して。	南、北東、北西、南東	金色
7 水	仏滅／寅卯 立秋	スマホのアップデートをして。先輩からの評価が上がるかも。	北、南、西	青
8 木	大安／辰巳	◆緊張する場面で力を発揮。ちょっと奮発して自分にご褒美を。	北、北東、北西、南西	白
9 金	赤口／辰巳	主張しすぎて孤立するかも。周囲の話を受け入れるのも大事。	南、東、西	黄色
10 土	先勝／午未	★運が味方をしてくれるので、正々堂々と勝負しましょう。	北東、南東	オレンジ
11 日	友引／午未 山の日	元気が出ないなら友だちと温泉へ。気持ちが軽くなります。	南東	紺色
12 月	先負／申酉 振替休日	道の駅などで泥つき野菜の購入を。料理に使うと運気回復。	東、北西	黒
13 火	仏滅／申酉 お盆(↓8／16)	家族とお墓参りにいって。誤解されそうな冗談は慎むこと。	北西、南東、南西	茶色
14 水	大安／戌亥	♣やるべきことが山積みでも周囲に協力を求めるとスムーズに。	東、西	銀色
15 木	赤口／戌亥	なんとなく落ち着かないかも。忘れ物をしやすいので注意を。	南、北東、北西、南東	黄色

16	金	先勝／子丑	楽しい計画がまとまるかも。オンラインでの交流がおすすめ。	北、南、西	白
17	土	友引／子丑	物事は楽観的に考えましょう。口角を上げた笑顔がポイント。	北、北東、北西、南西	赤
18	日	先負／寅卯	感情のコントロールが大事。親やきょうだいに相談して。	南、東、西	キャメル
19	月	仏滅／寅卯	想定外の展開になりそう。現状をもっとシビアにとらえること。	北東、南東	ベージュ
20	火	大安／辰巳	目の前のことに集中するように。外出前に打ち水をしましょう。	南東	水色
21	水	赤口／辰巳	パワーは低めです。資格やマナーに関する勉強をすると吉。	東、北西	山吹色
22	木	先勝／午未 処暑	♥ 伝えたいことがあるなら丁寧な言葉で。風鈴の音色が開運に。	北西、南東、南西	碧（深緑）
23	金	友引／午未	玄関を掃除してから外出を。すっきりした気分で過ごせそう。	東、西	ペパーミントグリーン
24	土	先負／申酉	丁寧な暮らしを意識し、家の中が快適になるよう心がけて。	南、北東、北西、南東	キャメル
25	日	仏滅／申酉	投資額のアップを考えて。メロンを食べると勘が冴えます。	北、南、西	銀色
26	月	大安／戌亥	◆ 努力してきたことが実りそう。好奇心のおもむくまま動いて。	北、北東、北西、南西	黄色
27	火	赤口／戌亥	慌てずに順序を踏んで仕事をしましょう。焦りは禁物です。	南、東、西	ピンク
28	水	先勝／子丑	★ 出かけた先でハッピーな出来事が。早めに家を出たほうが吉。	北東、南東	紫
29	木	友引／子丑	油断しているとトラブルに。新しいことには手を出さないで。	南東	黒
30	金	先負／寅卯	謙虚さがツキを呼びそう。縁の下の力持ちに徹しましょう。	東、北西	山吹色
31	土	仏滅／寅卯 二百十日	新しい出会いを求めるよりも、身近にいる人を大切にして。	北西、南東、南西	ワインレッド

静運　2024.9.7 ～ 2024.10.7

開運3か条
- フードロスをなくす
- お墓参りをする
- 丁寧に掃除をする

攻めより守りの時期、謙虚な姿勢が重要

忙しい毎日を過ごしてきたのでパワーは低め。何をやっても思い通りにならず、それなのに責任ばかり増していきそう。八方塞《ふさ》がりの状態に陥っても、やけを起こさないで。静運がめぐっているときは前進するのではなく、丸く収める努力が必要です。不用意な言動は慎み、何事も腹八分目で満足するようにしてください。手を広げず、仕事よりプライベートを優先させること。そして家族との時間を大切にしてください。親戚から相談ごとが持ち込まれたら、できる範囲で力を貸しましょう。

家で快適に過ごすために、インテリアに目を向けて。テーブルの真ん中に秋の花を飾りましょう。花の水は毎日取り替え、枯れた花びらや葉はこまめに取り除くようにしてください。

9月の吉方位	南、北東、南東、北北西
9月の凶方位	北、東、西、南西

この天中殺の人は要注意

申《さる》酉《とり》天中殺

仕事がおろそかになります。また、収支の管理がルーズになり、資金がショートするかも。なんとか危機をクリアしたと思っても、次の天中殺の谷が待っていそう。誘われても断り、ひとりでいるように。

仕事運

予想外の理由でスケジュール調整が必要になったり、人間関係でもトラブルに巻き込まれたりするかも。ひとりで判断せず、周囲の意見を聞きながら冷静に対処してください。過去のトラブルが蒸し返され、仕事の成果は思うようにあがらないかもしれません。無理をせず、一歩引いて、状況が変わるのを待ちましょう。

金運

収支のバランスを崩さないことが大切です。貯金を減らさないように心がけ、計画的なお金の使い方を考えましょう。大きな買い物やギャンブルは避けること。エコを意識して無駄のない生活を送り、少しずつでもへそくりを始めてみるのもおすすめです。

愛情運

パワー不足で、よい出会いを引き寄せられません、積極的なアプローチは控えたほうがいいでしょう。次回のチャンスに備え、秋の夜長は恋愛力強化に使って。パートナーに八つ当たりをすると、今までの信頼関係が崩れます。悪縁を引きずっているなら清算するチャンス。身辺整理をして、次の出会いに備えましょう。

9月のおそうじ風水 ▶ **キッチンのゴミ箱。外側やふた裏もきれいに。**

日付	六曜／天中殺 祝日・歳時記	毎日の過ごし方	吉方位	ラッキーカラー
1 日	大安／辰巳	♣遠くにいる友人に連絡をとると、朗報が舞い込む可能性大。	東、西	銀色
2 月	赤口／辰巳	先輩からのアドバイスに従って。穏やかな空気になります。	南、北東、北西、南東	金色
3 火	友引／午未	自信過剰は控えること。会社のパソコンまわりを掃除して。	北、南、西	水色
4 水	先負／午未	忙しくて周囲への態度がぞんざいになりがち。笑顔を大切に。	北、北東、北西、南西	赤
5 木	仏滅／申酉	強引に進めるのはやめて。無理せず流れに従いましょう。	南、東、西	キャメル
6 金	大安／申酉	★積極的な姿勢がプラスに働きます。思ったように過ごして。	北東、南東	オレンジ
7 土	赤口／戌亥 白露	夏の疲れがドッと出そう。家でゆっくりパワーチャージ。	南東	黒
8 日	先勝／戌亥	サイトを見ながら新しいレシピに挑戦して。運気の底上げに。	東、北西	クリーム色
9 月	友引／子丑 重陽の節句	情報の先取りを。街で目にするものをじっくり観察しましょう。	北西、南東、南西	茶色
10 火	先負／子丑	非現実的な考えに陥りがち。ハーブティーでひと息ついて。	東、西	黄緑
11 水	仏滅／寅卯	過去の問題が再燃しそう。部屋のプチ模様替えで気分転換を。	南、北東、北西、南東	キャメル
12 木	大安／寅卯	仕事は上司に相談しながら、できることから着手すると○。	北、南、西	青
13 金	赤口／辰巳	◆思いがけないお金が入るかも。後輩にご馳走しましょう。	北、北東、北西、南西	白
14 土	先勝／辰巳	無理をすると疲れます。好きな食べ物で体力回復をはかって。	南、東、西	金色
15 日	友引／午未	凛とした姿勢が注目の的になりそう。手鏡を持ち歩くこと。	北東、南東	赤

★強運日 ♠要注意日 ♥愛情運 ◆金運 ♣人間関係運

16	月	先負／午未 敬老の日	♠お年寄りに親切にして。話を聞いてあげるとやさしい気持ちに。	南東	水色
17	火	仏滅／申酉 十五夜	ルーティンワークこそ丁寧に。テラコッタのアイテムが吉。	東、北西	黒
18	水	大安／申酉	♥安心感を与えてくれる人と出会えそう。連絡先の交換は必須。	北西、南東、南西	碧（深緑）
19	木	赤口／戌亥 彼岸入り	玄関を掃除してから出かけて。同僚との絆が深まります。	東、西	ペパーミントグリーン
20	金	先勝／戌亥	生活習慣を見直しましょう。環境に配慮した商品を選んで。	南、北東、北西、南東	金色
21	土	友引／子丑	新しい知識を吸収して充実した気分に。芸術に触れるのも◯。	北、南、西	銀色
22	日	先負／子丑 秋分の日	親しい人と話題のレストランで食事を。金運が活性化します。	北、北東、北西、南西	赤
23	月	仏滅／寅卯 振替休日	家族とお墓参りにいきましょう。出費はセーブすること。	南、東、西	ピンク
24	火	大安／寅卯	★嬉しいオファーがありそう。アクセサリーをつけて出かけて。	北東、南東	紫
25	水	赤口／辰巳 彼岸明け	力を抜いて内面の充実を。川沿いを散歩すると癒されます。	南東	水色
26	木	先勝／辰巳	全体的にパッとしないかも。ミニグリーンを飾ると元気に。	東、北西	黒
27	金	友引／午未	楽しい会話がパートナーとの絆を深めて信頼につながりそう。	北西、南東、南西	赤
28	土	先負／午未	交友関係が広がり物事がスムーズに。昼食は麺類がＧＯＯＤ。	東、西	銀色
29	日	仏滅／申酉	車での外出は余裕を持って出かけて。安全運転につながります。	南、北東、北西、南東	黄色
30	月	大安／申酉	思ったことはすぐに着手して。人のためにお金を使うと吉。	北、南、西	水色

結実運　2024.10.8 〜 2024.11.6

開運3か条
- 高級品を持つ
- 早めに出勤する
- 寄付をする

※ 活気に満ちあふれ、前進できる運気

運気は好転します。これまでの努力や実力が認められるチャンス。心身ともに充実し、多忙な1か月になります。調子がいいのでついつい強気になり、独断専行しがち。今月はバランス感覚がポイントになります。あなたと周囲や上司との関係、オンとオフなど、バランスをうまくとりながら、上手なエネルギーの使い方を心がけてください。強い自己アピールは、欠点だと認識されやすいことを忘れないで。そして目標は実力より少し高めに設定してください。そのハードルをクリアすることが実力アップにつながります。

社会的に高い評価を得られる運気。どんな状況でも品格ある振舞いができるように心がけて。アップグレードした場所で過ごすようにするのも大切です。

10月の吉方位	北、南
10月の凶方位	東、北東、北西、南東、南西

この天中殺の人は要注意

戌亥《いぬい》天中殺

いろいろなリクエストに振り回され、孤軍奮闘《ふんとう》を強いられます。周囲のサポートは期待できないので、自力でなんとかするしかありません。パソコンをバージョンアップして、対応するようにしましょう。

仕事運 **※戌亥天中殺の人は新しい仕事は先にのばして**

周囲のサポートもあり順調です。多忙で充実した日々になるでしょう。上司と円満な関係を結ぶことが開運の鍵。面倒がらずに進《しん》捗《ちょく》状況を報告してください。忙しくなるので合理的な時間の使い方を。腕時計をつけると時間管理がしやすくなります。また早めに出社して、スケジュールチェックや資料の整理をしましょう。

金運

金運は仕事運に比例します。昇給や副収入が期待できそうですが、交際費やキャリアアップのための自己投資が必要です。そのための予算は少し余裕を持たせて準備しましょう。本質を見極め、プライスレスな価値に気づくと、大きく成長することができます。

愛情運 **※戌亥天中殺の人は新しい出会いは先にのばして**

仕事が出会いのチャンスを運んできます。でも、肩書き目当ての恋はうまくいきません。あなたが素直でいられる人を選びましょう。仕事優先のあなたにパートナーが不満を持ちそう。メールやSNSでこまめに連絡をとること。一緒に食事をするときは、いつもよりゴージャスな雰囲気を楽しむようにするのがおすすめです。

10月のおそうじ風水 ▶ パソコン。画面の汚れをとりデータを整理。

日	六曜／天中殺 祝日・歳時記	毎日の過ごし方 ★強運日 ♠要注意日 ♥愛情運 ◆金運 ♣人間関係運	吉方位	ラッキーカラー
1 火	赤口／戌亥	自分に似合うカラー診断を受けても。秋の装いに生かして。	北、北東、北西、南西	白
2 水	先勝／戌亥	データのバックアップをとること。上手な選択ができます。	南、東、西	キャメル
3 木	先負／子丑	止まっていたことが動き出します。積極的にチャレンジを。	北東、南東	ベージュ
4 金	仏滅／子丑	♠余計な助言でトラブルを引き起こすかも。聞き役に徹して。	南東	紺色
5 土	大安／寅卯	少し早く起きて公園に散歩にいくと、新しい発見がありそう。	東、北西	山吹色
6 日	赤口／寅卯	♥求めていた情報がみつかるかも。花を飾るとよりハッピーに。	北西、南東、南西	ワインレッド
7 月	先勝／辰巳	♣パワーアップできる日です。明るい人と一緒に行動すると吉。	東、西	青
8 火	友引／辰巳 寒露	始めたことは諦めず最後まで続けて。発酵食品がラッキー。	南、北東、北西、南東	金色
9 水	先負／午未	上司の意見を再確認して。今後の仕事がやりやすくなります。	北、南、西	水色
10 木	仏滅／午未	少額商品を多数買うよりも、一点豪華主義の買い物が◯。	北、北東、北西、南西	赤
11 金	大安／申酉	秋の味覚を堪能しましょう。食事は手作りすると運気回復。	南、東、西	黄色
12 土	赤口／申酉	★積極的に動くとチャンスをつかめます。おしゃれして外出を。	北東、南東	オレンジ
13 日	先勝／戌亥	自分の心と体に向き合いましょう。サウナやスパで癒されて。	南東	紺色
14 月	友引／戌亥 スポーツの日	毎日少しずつできるストレッチなどを始めて。長続きしそう。	東、北西	クリーム色
15 火	先負／子丑 十三夜	うまい話にのるのは危険です。怪しい誘いには注意すること。	北西、南東、南西	碧（深緑）

16	水	仏滅／子丑	好きな香りのお香を焚いて。考えがまとまり運気もアップ！	東、西	ペパーミントグリーン
17	木	大安／寅卯	意地を張らないで冷静に対処を。チーズリゾットで開運。	南、北東、北西、南東	黄色
18	金	赤口／寅卯	仲間に恩返しするチャンス。困っている人を助けてあげて。	北、南、西	白
19	土	先勝／辰巳	◆お得に買い物ができます。歯のホワイトニングで運気上昇。	北、北東、北西、南西	赤
20	日	友引／辰巳 土用	紅葉の見られるスポットが吉。行けなければ写真でもOK。	南、東、西	ピンク
21	月	先負／午未	周囲の空気を読みながら、新しいことを発信するとラッキー。	北東、南東	紫
22	火	仏滅／午未	♠SNSやメールでの連絡には注意を。やりとりは文字に残して。	南東	水色
23	水	大安／申酉 霜降	段取りがうまくいきそうです。仕切り役を買って出ましょう。	東、北西	山吹色
24	木	赤口／申酉	♥素敵な人と仲よくなれそう。小さなきっかけを逃さないで。	北西、南東、南西	碧（深緑）
25	金	先勝／戌亥	♣努力が報われ一歩前進！ 心身ともに充実し活気にあふれます。	東、西	黄緑
26	土	友引／戌亥	古いものは修理して活用を。手間をかけると質が向上しそう。	南、北東、北西、南東	金色
27	日	先負／子丑	マイペースで進めましょう。犬モチーフの小物がお守りに。	北、南、西	水色
28	月	仏滅／子丑	家計簿アプリで収支の管理をして。無駄な出費が防げます。	北、北東、北西、南西	赤
29	火	大安／寅卯	悩みは難しく考えると壁に直面。もっとシンプルにとらえて。	南、東、西	黄色
30	水	赤口／寅卯	★パワー全開で動けます。嬉しいことはシェアしましょう。	北東、南東	紫
31	木	先勝／辰巳 ハロウィン	家でプチパーティーを。かぼちゃのスープが運気の底上げに。	南東	白

金運　2024.11.7 〜 2024.12.6

開運3か条
- 紅葉を楽しむ
- 仕事に専念する
- 秋の花を飾る

ご褒美のような楽しみにあふれる運気

秋のグルメやレジャーを大いに満喫しましょう。華やかな雰囲気に包まれ、人生を謳歌できる運気です。お誘いは可能な限り受け、新しい出会いを楽しんでください。気をつけたいのが、仕事をないがしろにすること。しっかり働いたからこそ、ご褒美として楽しみが待っていることを肝に銘じてください。またチヤホヤされても有頂天にならないで。対人関係はどんなときも誠実さを忘れないことが重要です。

お誘いが多いので、知らずしらずのうちに食べすぎ、飲みすぎになりがちです。胃腸を休めるように心がけましょう。ストレスを感じたら、カフェでひと休みしたり、夜空に輝く星を眺めたりしてください。心身ともにリラックスするとパワーをチャージできます。

11月の吉方位	北、北東、南西、北北西
11月の凶方位	南、東、西、南東

この天中殺の人は要注意

戌亥《いぬい》天中殺

スキャンダルに見舞われそう。過去のトラブルも蒸し返されそうです。天中殺はメンタルトレーニングのひとつと考え、冷静な姿勢でいること。お年寄りを大切にして運気の貯金を心がけて。

仕事運 ※戌亥天中殺の人は新しい仕事は先にのばして

頑張れば頑張っただけの成果が出せます。新しくできた人脈からチャンスがもたらされ、協力者も現れるでしょう。プライベートに気をとられると集中力がなくなり、つまらないミスをします。また、夜遊びが原因で遅刻するなどは、もってのほか。あなたがやるべきことを、人まかせにするのも厳禁です。

金運

外出が多くなり、出費も増えます。ぜいたくな気分を味わうのはいいのですが、見栄のための出費はNG。秋のファッションやレジャーを楽しむなら、レンタルやサブスクリプションを上手に利用しましょう。少額であっても借金をしてはいけません。

愛情運 ※戌亥天中殺の人は新しい出会いは先にのばして

出会いはパーティーだけでなく、友人の紹介やお見合いの話もありそうです。まじめに付き合える相手かどうか、しっかり人間性を見極めることが大切。好感度を上げるためにも、口角を上げた笑顔を忘れずに会話を楽しみましょう。パートナーとは新しい展開があるかも。ふたりの今後について、話し合ういい機会です。

11月のおそうじ風水 ▶ **カトラリー。やわらかい布できれいに磨いて。**

★強運日　♠要注意日　♥愛情運　◆金運　♣人間関係運

日	曜日	六曜／天中殺 祝日・歳時記	毎日の過ごし方	吉方位	ラッキーカラー
1	金	仏滅／辰巳	運気は回復方向に進みます。スカーフを使ったおしゃれが◯。	東、北西	キャメル
2	土	大安／午未	♥ポジティブ思考で好結果に。不安は忘れて常に笑顔でいて。	北西、南東、南西	ワインレッド
3	日	赤口／午未 文化の日	♣ハーブの寄せ植えを育てましょう。チャンスが訪れるかも。	東、西	ペパーミントグリーン
4	月	先勝／申酉 振替休日	家族と一緒に家でゆっくり過ごして。エネルギーの回復を。	南、北東、北西、南東	黄色
5	火	友引／申酉	何かと信頼度が上がりそう。相談には積極的にのりましょう。	北、南、西	銀色
6	水	先負／戌亥	季節の花が良縁を引き寄せます。日当たりのいいところが◯。	北、北東、北西、南西	白
7	木	仏滅／戌亥 立冬	何となく気が散るかも。ミスしないよう基本の手順を守って。	南、東、西	ピンク
8	金	大安／子丑	★興味のあることに積極的にかかわると、次の展開が見えてきます。	北東、南東	オレンジ
9	土	赤口／子丑	セルフケアを大切に。温浴施設でリフレッシュしましょう。	南東	水色
10	日	先勝／寅卯	そろそろ冬のコートを用意しましょう。おしるこでひと休み。	東、北西	クリーム色
11	月	友引／寅卯	気になる人の趣味や出身地を話題にすると、親密になれそう。	北西、南東、南西	茶色
12	火	先負／辰巳	名誉挽回できるチャンス！ 細かいことにもアンテナを張って。	東、西	銀色
13	水	仏滅／辰巳	お風呂でストレッチを。首や肩のこりが癒され快眠できそう。	南、北東、北西、南東	金色
14	木	大安／午未	スマホ内の古い写真を整理すると、新しい発見があるかも。	北、南、西	青
15	金	赤口／午未 七五三	◆きちんと身なりを整えることで相手に信頼され金運もアップ！	北、北東、北西、南西	赤

16	土	先勝／申酉	現状からの脱却はよく考えてから。肉料理でパワーをつけて。	南、東、西	黄色
17	日	友引／申酉	苦手だったことが得意になるかも。結果は気にせず挑戦を。	北東、南東	ベージュ
18	月	先負／戌亥	♠ 目標を見失いがち。水を飲んで気持ちを落ち着けましょう。	南東	白
19	火	仏滅／戌亥	面倒な案件もコツコツこなして。テラコッタのアイテムが吉。	東、北西	黒
20	水	大安／子丑	♥ 気になる人と急接近。友人からの嬉しい後押しがあるかも。	北西、南東、南西	赤
21	木	赤口／子丑	♣ 人間関係を広げるとき。異業種交流会に参加しましょう。	東、西	黄緑
22	金	先勝／寅卯 小雪	完璧を求めすぎないように。プチ模様替えで気分転換して。	南、北東、北西、南東	キャメル
23	土	友引／寅卯 勤労感謝の日	お世話になった人にお歳暮の準備。まずはリストアップから。	北、南、西	水色
24	日	先負／辰巳	集まりの場で親密度アップ。海外旅行の話で盛り上がりそう。	北、北東、北西、南西	白
25	月	仏滅／辰巳	自分の役割に少し変化がありそう。流れに身をまかせてみて。	南、東、西	黄色
26	火	大安／午未	★ 提案したアイデアが進展。目標を具体的にイメージし行動を。	北東、南東	紫
27	水	赤口／午未	体の不調は早めにケアを。あたたかいスープがおすすめ。	南東	紺色
28	木	先勝／申酉	慌てると後悔しそう。何事も時間をかけてのぞみましょう。	東、北西	黒
29	金	友引／申酉	悩むより、まずは行動して。恋のチャンスを引き寄せます。	北西、南東、南西	赤
30	土	先負／戌亥	玄関を片づけてよい気を取り込みましょう。ドアベルも◯。	東、西	青

2024 December

12月

改革運　2024.12.7 ～ 2025.1.4

開運3か条
- 家族にプレゼントをする
- ランチョンマットを使う
- イメージチェンジをする

変化にうまく対応し、結果は求めない

慌ただしい年末を迎え、さまざまなことに変化が生じそうです。周囲の流れに逆らわないことが重要。波に身をまかせ、自ら変化を求めてはいけません。感情的になりがちですが、リスクは避け、堅実な姿勢を貫いてください。判断に迷うことがあれば、結論を先延ばしにしてＯＫです。現状脱却を望んでも、いまはそのときではありません。与えられた場所で、確実に歩むようにしてください。忘年会やパーティーなどが多いシーズンですが、お付き合いはほどほどにして、なるべく早く帰宅しましょう。体調に不安があるなら、後回しにせずに受診してください。

大掃除も計画を立て、早めに取り組むこと。すっきり片づいた部屋のインテリアプランを考えてみましょう。

12月の吉方位	なし
12月の凶方位	北、南、北東、北西、南東、南西

この天中殺の人は要注意

子《ね》丑《うし》天中殺

年末を迎え、生活のリズムが崩れます。忘年会やクリスマスパーティーで知り合った人とは一定の距離を保って。また、メールの誤送信に注意してください。待ち合わせは余裕をもって行動すること。

仕事運

予想外の配置転換や人事異動が出て、年末の忙しさにさらに拍車がかかりそう。取引先や担当者が変わり、引き継ぎを求められる可能性もあります。転職や独立へ気持ちが動くかもしれませんが、今はまだそのタイミングではありません。とにかくリスクはとらず、石橋を叩いて渡るような慎重さで過ごしてください。

金運

積極的な投資より、確実な預金がおすすめです。一攫千金を望んでも結果は出ません。お金の出入りは慎重にすべきとき。住宅購入やリフォームを予定しているなら、今は情報収集に徹して。専門家にマネープランのアドバイスをもらうのもいいでしょう。

愛情運

好きな人がいても、友人として適度な距離を保つほうがいいでしょう。変化に翻弄《ほんろう》され、あなたの選択眼が鈍りがちになります。誰かと一緒にいるより、ひとりの時間を充実させて。パートナーを責める前に、あなたの言動に問題がないか振り返ってください。相手を思いやる気持ちと、価値観を認め合うことが大切です。

12月のおそうじ風水 ▸ ソファ。掃除機でホコリやごみを吸い取って。

日	六曜／天中殺 祝日・歳時記	毎日の過ごし方 ★強運日 ♠要注意日 ♥愛情運 ◆金運 ♣人間関係運	吉方位	ラッキーカラー
1 日	大安／戌亥	壊れているものは処分を。人間関係の悪い縁も清算できそう。	南、北東、北西、南東	黄色
2 月	赤口／子丑	的確な判断ができる日。しっかり朝食をとって出かけると○。	北、南、西	銀色
3 火	先勝／子丑	◆人のためにお金を使うと、あとで予想外のお返しがあるかも。	北、北東、北西、南西	金色
4 水	友引／寅卯	仕事で迷ったら立ち止まって。慎重に判断すればよい方向に。	南、東、西	ピンク
5 木	先負／寅卯	実力を発揮できます。鏡を磨くとさらにモチベーションUP。	北東、南東	ベージュ
6 金	仏滅／辰巳	♠もどかしい思いをしそう。水を飲み、手を洗って運気の回復を。	南東	水色
7 土	大安／辰巳 大雪	厄介な用事からすませて。やることリストでスムーズに。	東、北西	黒
8 日	赤口／午未	♥恋のチャンスが訪れるかも。お誘いの連絡には即返事をして。	北西、南東、南西	碧（深緑）
9 月	先勝／午未	♣交友関係が大きく広がります。美しい姿勢で過ごすと好印象。	東、西	ペパーミントグリーン
10 火	友引／申酉	過去の問題が再浮上しそう。植物の手入れをすると運気回復。	南、北東、北西、南東	金色
11 水	先負／申酉	思いついたアイデアをすぐ企画書に。いい評価をもらえそう。	北、南、西	白
12 木	仏滅／戌亥	皮肉っぽい発言はNG。デンタルフロスをすると気分転換に。	北、北東、北西、南西	黄色
13 金	大安／戌亥	予定をチェックし必要なお金はキープ。飲み会は割り勘で。	南、東、西	キャメル
14 土	赤口／子丑	トレンドファッションが幸運を呼びます。海辺を散歩して。	北東、南東	オレンジ
15 日	先勝／子丑	お風呂場を念入りに掃除。悩みごとの答えがひらめきそう。	南東	紺色

16	月	友引／寅卯	結果を求めすぎないで。地道に努力を続けることがベスト。	東、北西	山吹色
17	火	先負／寅卯	好きな音楽の話をすると、気になる人との距離が縮まるかも。	北西、南東、南西	ワインレッド
18	水	仏滅／辰巳	プチぜいたくならOK。心を潤すことが福を招くポイントです。	東、西	黄緑
19	木	大安／辰巳	ひとつのことに集中して。疲れたら首や肩のストレッチを。	南、北東、北西、南東	キャメル
20	金	赤口／午未	上司からの忠告は素直に聞くように。よい関係を築けそう。	北、南、西	水色
21	土	先勝／午未 冬至	◆レジャーを楽しむと吉。夜はゆず湯に浸かってリラックス。	北、北東、北西、南西	黄色
22	日	友引／申酉	クローゼットを整理し不用品はリサイクルに。出費はセーブを。	南、東、西	金色
23	月	先負／申酉	大抜擢の予感。専門分野のスキルを磨いてレベルアップして。	北東、南東	紫
24	火	仏滅／戌亥 クリスマス・イブ	♠パワー不足を感じる日。大切な人と家でのんびり過ごして。	南東	白
25	水	大安／戌亥 クリスマス	何事も焦らないで。ショコラのクリスマスケーキが幸運の鍵。	東、北西	黒
26	木	赤口／子丑	誰かをサポートすると運気回復。仲間との絆も深まります。	東、北西	黒
27	金	先勝／子丑	冷蔵庫の整理をし余った食材で料理を。悩みが吹き飛びます。	南東	水色
28	土	友引／寅卯	★思いがけないラッキーがありそう。積極的に行動しましょう。	北東、南東	紫
29	日	先負／寅卯	1年を振り返るといい日。達成できたことは書き留めて。	南、東、西	キャメル
30	月	仏滅／辰巳	大掃除してお正月の準備を。家の西側を片づけると金運UP。	北、北東、北西、南西	赤
31	火	赤口／辰巳 大晦日	心身ともに充実。友人や家族と年越しイベントへ出かけると吉。	北、南、西	白

COLUMN 3

〜2024年のラッキーフード〜

柑橘類と酸味でエネルギーチャージを

2024年全体のラッキーフードは柑橘類や酸味です。みかんやオレンジ、レモン、お酢、梅干しを毎日の食生活に取り入れましょう。たとえばレモンならレモンティーや、サラダに添えるだけでもOK。梅干しのおにぎりも手軽でおすすめです。また、桃は邪気を祓うので旬の時期に食べましょう。

フルーツには旬があるので、フレッシュなものが手に入らないときは、写真やポストカード、イラストなどを目に入る場所に飾っておくのもいいでしょう。若々しいエネルギーに包まれる2024年ですから、ラッキーフードで体にパワーを取り入れてください。

第5章 九星別の相性の法則

相性の法則

運気通りに過ごせば、相性のよい人たちを引き寄せます

幸せな人生を送るためには、相性はとても大切なものです。相性と運気は深くかかわっています。運気通りに過ごしていれば、周囲には自分と相性のいい人たちが自然と集まってきます。

また、相性が合わない人と出会ったとしても、互いに認め合える面だけで上手に付き合っていくことができるのです。

ユミリー風水では、厳密にいうと4つの要素で相性を見て総合的に判断していますが、本書では人生の基本となる生まれ年の星（カバー裏参照）、つまりライフスター同士の相性を見ていきます。

ライフスターの相性がいいとは、長い時間を一緒に過ごす住まいや職場での営みが

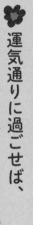

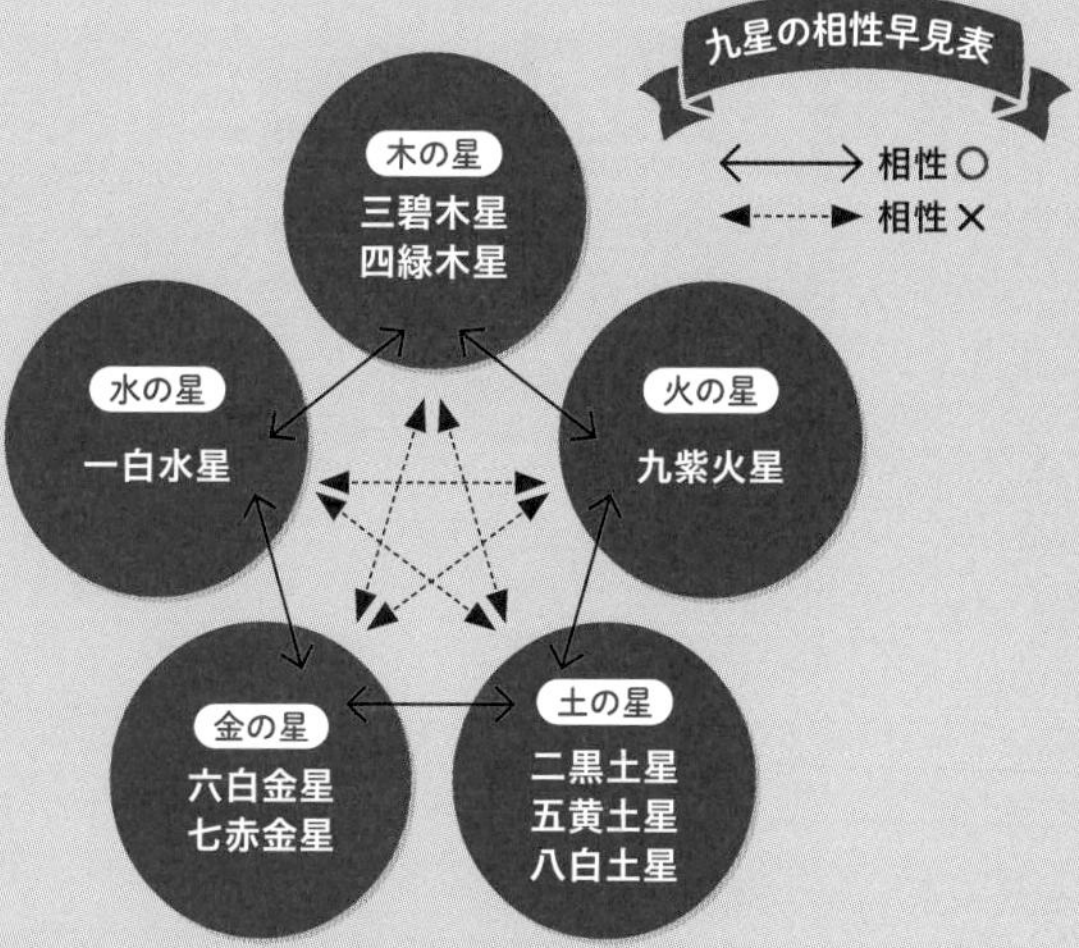

合うということを意味します。相性がいいと自分の気持ちや考え方がすんなりと相手に伝わるので、相手も理解、思いやり、感謝、愛情、親切といったものを返してくれます。逆に、相性が悪い場合は、１２５ページで相性が合わない場合の対処法を紹介しているので、ぜひ参考にしてください。

上の図は、ライフスター同士の相性をあらわした図です。風水の五行という考え方を取り入れ、９つのライフスターを五行に分け、相性を見ています。隣り合う星同士は相性がよく、向かい合う星同士は相性が悪いということになります。

（金の星）　　（水の星）

七赤金星 と 一白水星《いっ ぱく すい せい》

七赤は金の星で、一白は水の星。鉱物を意味する金が、長い年月を経ることで水を生じさせるという関係です。

相性○

恋愛

お互いに自分にはないものを持っているので、魅力的に感じます。華やかな七赤が一白をリードしますが、重要な決断は一白のアドバイスを素直に聞きましょう。七赤はいつも楽しい時間を、一白と共有するように心がけてください。

夫婦

夫が七赤で、妻が一白のほうがうまくいきます。お互いの運気が相乗効果をもたらし、棚からぼたもちが落ちてくるような金運に恵まれる夫婦になります。

友人

七赤の相談を親身になって聞いてくれるのが一白です。遊びでは、七赤が一白の知らない世界を見せてあげる形になり、お互いを補完し合える関係です。

仕事

スムーズに仕事をこなせる相性のふたりです。判断を求められたら、七赤が一白をリードして素早く物事を進めるようにしてください。

一白水星の2024年

2024年は開始運の年。何かを始めるにはぴったりの時期です。行動的になると気分も前向きに。やりたいことにチャレンジして。

（金の星）　　　　（土の星）

七赤金星 と 二《じ》黒《こく》土《ど》星《せい》

**二黒は土の星。土が長い年月をかけ、
鉱物である七赤を生み出すという継続する関係になります。**

相性○

恋愛

二黒は自分ができないことを七赤がこなしていくのを見て、喜びを感じます。七赤は堅実な二黒を見て、安心することができます。同じ目標を持てば、一緒に力を合わせて進むことができる関係です。ただし、経済観念は正反対です。

夫婦

夫が二黒で、妻が七赤のほうがうまくいきます。浪費癖が出やすい七赤を、経済観念のある二黒が支えます。七赤は包容力のある二黒に感謝を忘れないことが大事です。

友人

七赤は、現実的な考え方ができる二黒に助けられることが多くあります。七赤にとって、必要不可欠な頼りになる存在になるでしょう。

仕事

お互いを尊重し合える関係です。七赤は努力型の二黒を手助けしましょう。ただし、二黒のきまじめさに甘えないようにすること。

二黒土星の2024年

これまでの行動や努力の成果が見えはじめる開花運の年。人付き合いも活発になりますが、トラブルにならないように注意して。

（金の星）　　（木の星）

七赤金星 と 三《さん》碧《べき》木《もく》星《せい》

太陽のもとで咲く、草花を象徴する三碧。
夜空に輝く星の七赤は、三碧の成長に必要な光を与えられません。

相性×

恋愛

派手で似たところがあるため、最初は気が合っても、高いプライドを持つ者同士がぶつかり合うと大変なことに。激しい口ゲンカに発展しがちです。お互いに異性への関心も高いので、浮気心を抑えないと長続きはしません。

夫婦

夫が七赤で、妻が三碧なら、なんとかうまくいくはずです。浮気や不倫騒動を起こさないためには、褒めてもらうより、先に相手を褒めるようにしてください。

友人

周囲から注目されたいふたりなので、主導権争いをしてしまいがちです。近づきすぎると、お互いに厳しい批判をするようになるので、適度な距離をとることが大切です。

仕事

お互いに認められようと派手なパフォーマンスをするので、うまくいきません。お互いに思いやりの気持ちを忘れないように心がけることが大切です。

三碧木星の2024年

運気の波がいったん止まる静運の年。新しいことを始めるよりも、生活習慣を見直したり家族と過ごしたりして余裕をもった生活を心がけて。

（金の星）七赤金星 と （木の星）四緑木星《し ろく もく せい》

樹木を象徴する木の星の四緑。夜空で輝く七赤は、大地に根づいた四緑には近づくことができません。

相性×

恋愛

どちらも社交的です。そのため第一印象はいいのですが、ささいなことがきっかけで違和感を覚えるようになります。ケンカになると、口達者な七赤が、四緑をやり込めそう。お互いに違うフィールドで生きていることを認め合うことが大切です。

夫婦

夫が七赤で、妻が四緑なら、なんとかうまくいくでしょう。四緑は結婚すると、安心して七赤にわがままを言いはじめます。そのときは七赤が寛容《かんよう》な気持ちになること。

友人

ライトなお付き合いに留めること。それ以上の友情を期待しての深入りは、しないほうがいいでしょう。レジャーなどを楽しむだけの関係で十分です。

仕事

面倒な作業を相手に押しつけ合う関係です。どんなときもギブ&テイクを心がけ、相手のことを立てるようにしましょう。誠意のない言動は避けて。

四緑木星の2024年

2024年は運気が上向きになる結実運の年です。仕事で望むような活躍ができ、心身ともに充実しそう。社会的地位を固めて。

（金の星）　　　　　　　　　（土の星）

七赤金星 と 五黄土星《ご おう ど せい》

土の星である五黄が、長い年月をかけ、
鉱物である七赤の金を生み出し続けるという関係になります。

相性〇

恋愛

七赤は、五黄のわがままを許せる心の広さを持ち、五黄も七赤のために頑張ります。しかし、異性関係の噂が立つと、五黄は七赤を許しません。良好な関係を築くには、五黄の現実的な視点を認め、理解しましょう。

夫婦

夫が五黄で、妻が七赤のほうがうまくいきます。基本的には五黄が七赤をリードするのが理想です。七赤は五黄への敬意をいつも忘れないようにすることが大切です。

友人

表面上は七赤がリードする形になりますが、知らずしらずのうちに五黄がリーダー役になります。七赤は五黄に一目置いて、主導権争いにならないように注意しましょう。

仕事

五黄が上司のほうがうまくいきます。五黄が部下なら、七赤は指導に苦労するかもしれません。あれこれ手出しせず、アドバイスに留めて見守る姿勢が大切です。

五黄土星の2024年

実り豊かな金運の年です。満ち足りた気分を味わうことができそう。2024年は人との交流の場にはできるだけ参加して。

（金の星）七赤金星 と （金の星）六《ろっ》白《ぱく》金《きん》星《せい》

六白は竜巻のような激しい気流を象徴し、七赤同様、
ともに高い空にあって地上を見下ろす対等な関係です。

相性○

恋愛

考え方やセンスが似ているので、出会ってすぐに親しみを感じます。燃え上がるような恋心は抱かないものの、七赤は六白と一緒にいると落ち着くでしょう。同じ趣味があると、さらによい関係になります。ケンカはこじらせないように。

夫婦

どちらが夫でも妻でも、うまくいく相性です。ただ、ふたりとも生活感に乏しいので、しっかりと人生設計を考えましょう。ケンカをしたときは、どちらかが先に折れること。

友人

お互いに気が合い、長く続く友情を築くことができる関係です。相手の考えていることが手にとるようにわかる、居心地のいい友人になります。

仕事

七赤がアイデアを出し、六白が実権を握るという関係がベストです。同じ目標を持つと、ゴールまで助け合いながらスムーズに進みます。

六白金星の2024年

ひと区切りがつく改革運の年です。周囲に変化があるかもしれませんが、慌てずに落ち着いて。努力を継続することが大切です。

（金の星）　　　　（金の星）

七赤金星 と 七赤金星

同じ星同士なので、同じ性質を持っています。
混ざり合っても問題ないものの、刺激し合うこともありません。

相性○

恋愛

遊ぶのも派手なことも大好きなふたりは、親密になるとわがままな面が出がち。周囲の人には華やかな恋愛に見えるかもしれませんが、なかなか結婚の踏ん切りがつかない傾向もあります。結婚を意識する関係なら、お互いに忍耐を持って。

夫婦

落ち着いて、将来のことをきちんと語り合うことが大切です。相手のことが手にとるようにわかる反面、それが面倒に感じることもあるので注意しましょう。

友人

一緒に遊ぶにはいい相手ですが、親友にはなれないかもしれません。相談ごとがあるときは、地に足が着いた土星の友人にしたほうがいいでしょう。

仕事

相手の考え方がわかるので、信頼関係を築けば、強力なパートナーになれます。ただし、手を抜きたい部分も同じということに注意して、物事を完結させること。

七赤金星の2024年

運気が頂点に達する頂上運の年。周囲からの注目度も高くなり、実力が認められる年です。新しいことにチャレンジするのも○。

（金の星）　（土の星）

七赤金星 と 八《はっ》白《ぱく》土《ど》星《せい》

山を象徴する八白は、長い年月をかけて七赤の金＝鉱物を生み出します。お互いに補い合える関係です。

相性○

恋愛

遊び好きの七赤と安定志向の八白は、違う性格だからこそ長く一緒にいられます。七赤のすべてを八白が受け入れるので、自然体で付き合うことができます。ただし、七赤がそれに甘えすぎると、八白は離れていくので気をつけてください。

夫婦

夫が八白で、妻が七赤だと、よりうまくいきます。夫婦になると、恋愛中よりさらに絆が深まります。七赤は金銭的に大雑把なので、八白のリードにまかせること。

友人

気の合う楽しい付き合いができますが、買い物や旅行などへ一緒にいくと金銭感覚の違いに驚くかも。お金の貸し借りは避けてください。

仕事

七赤は交渉が得意で、なかなかのやり手。八白は利益を考えて行動するので、いい相性です。七赤は八白に甘さを指摘されることもありそう。

八白土星の2024年

季節でいえば真冬にあたる停滞運の年です。新しいことを始めるには向きません。心と体をゆっくり休めるのに適しています。

（金の星）　　（火の星）

七赤金星 と 九《きゅう》紫《し》火《か》星《せい》

九紫は太陽の星です。夜の星の七赤と昼の太陽の九紫は
重なり合うことはなく、逆の性質を持っています。

相性×

恋愛

お互いにものの見方が正反対です。一時的には惹かれても、根本的に理解し合えない関係といえます。ただし、お互いが何かひとつの道を究めるなど、別々に輝くことができれば、うまくいくでしょう。

夫婦

夫が九紫で、妻が七赤なら、なんとかうまくいくでしょう。とにかくケンカをしないようにすることが大切です。九紫にはストレートな言葉を使わないようにして。

友人

付き合いにくい相手になります。七赤の調子のよさを、九紫は苦々しい思いで見ているかもしれません。七赤も息苦しさを感じるので距離を置くことが重要です。

仕事

同志としてはよいパートナーになれそうです。ただし、お互いに目標や方法論が違うので、批判的な発言は慎むことが大切。ほどよい距離を保って。協力の姿勢も忘れずに。

九紫火星の2024年

冬眠から目覚めて、活動を始める基礎運の年。基礎固めの時期にあたるので目標をしっかり定め、コツコツと努力を積み重ねましょう。

相性が合わないとき

ライフスターの相性は、毎日の営みにおける相性です。
相性が合わないのにいつも一緒だと、より摩擦が大きくなります。
自分の世界を持ち、適度な距離感を保つことがうまくやっていく秘訣です。

恋愛 同棲は避けましょう

家で夫婦のようにまったり過ごすより、デートをするなら外へ出かけたり、グループで楽しんで。いつもベッタリは控え、同棲は避けましょう。結婚間近なら、お互いに仕事を持って暮らしていけるように努力して。

夫婦 仕事や趣味を充実

家での生活にあまりにも強い執着があると、ふたりの間の摩擦がより大きくなります。夫婦の場合、共働きをしている、お互い趣味や習いごとがあるなど、自分の世界を持っていればうまくいくケースが多いのです。

友人 礼儀を忘れずに

プライベートな部分に土足で入っていくことはしないようにしましょう。親しき仲にも礼儀ありの心がけがあれば、長続きします。価値観が異なるので、相手からの相談には意見を言うよりも聞き役に回って。

仕事 感情的な言動は控えて

もともと物の見方や感性が異なることをしっかり認識すること。違うのは当たり前だと思えば腹は立ちません。相手の長所をなるべくみつけて。自分と合わないところには目をつぶって、感情的にならないように。

COLUMN 4

～2024年の休日の過ごし方～

自然や音楽を楽しんでリラックス

若草や花に触れる休日の過ごし方がおすすめです。ベランダガーデンを作ったり、アレンジメントフラワーを作って飾ったり。インテリアにグリーンを取り入れるのも忘れずに。

散歩も風水のラッキーアクションですが、特に2024年は並木道がおすすめです。春なら桜並木、秋なら銀杏《いちょう》並木を歩いて。また庭園をゆっくり散歩してもいいでしょう。

コンサートやライブで好きなアーティストの音楽を楽しむのも三碧木星の象意に合っています。家の中でもBGMを流すようにするとよい気に包まれ、リラックスできます。

運を育てるための心得

運気はめぐっている

私たちの人生は、停滞運から頂上運までの9つの運気が順番にめぐってきます。いいときも悪いときも平等にやってきます。悪いときのダメージを少なくするために運気の貯金が必要です。悪いときは貯金を使い、そしてたまった運気は使うと、さらに増やすことができます。衣食住を整えることは毎日の運気の積み立て貯金。**あなたにめぐっている運気に合ったアクションで運気の貯金をしましょう。**また、吉方を生かすことで、運気の貯金をプラスできます。人は毎日の生活の中で、移動しながら活動していきます。吉方へ動くことは追い風にのって楽しく移動するということ。今後の発展に影響する運気の貯金ができます。

また、吉方の神社にお参りを続けると、運気の貯金を増やすことができます。日のカレンダーにある吉方位を参考にして運気を貯金していきましょう。

9つの運気を理解する

停滞運　季節では真冬にあたるとき。植物が土の中でエネルギーを蓄えるように、春の芽吹きをじっと待つ時期です。思うようにならないと感じることも多くなりますが、**心と体を休めてパワーチャージしてください。**行動的になると、疲れたりトラブルに巻き込まれたりすることも。これまでの行いを振り返り、自分自身を見つめるのにいいときです。

＊運気のため方　掃除や片づけなどで水回りをきれいにして、ゆったりとした時間を過ごしましょう。食生活では上質な水をとるようにしてください。朝起きたら1杯の水を飲み、清々しい気分で1日をスタートさせましょう。

基礎運　冬眠から覚め、活動を開始するとき。自分の生活や環境を見直して、これからの人生の基礎固めをするような時期です。**目標を決め、それに向けた計画を立てましょう。**目の前のことをコツコツこなし、手堅く進んでください。また、この時期は目立つ行動は避け、サポート役に回ったほうが無難です。趣味や勉強など自分磨きには向いているので、学びたいことをみつけ、努力を続けましょう。

＊運気のため方　地に足をつけてしっかり歩ける靴を選びましょう。ガーデニングなどで土に触れると運気の貯金になります。食事は根菜類を取り入れたヘルシー料理がおすすめ。自然を意識した過ごし方で英気を養いましょう。

開始運　季節でいうと春をあらわし、秋に収穫するために種まきをするとき。**物事をスタートさせるにはいいタイミングで、やりたいことがあるならぜひチャレンジしましょう。**行動的になるほどモチベーションも上がり、気持ちも前向きになっていく運気。ただし、準備不足と感じるなら次のチャンスまで待ってください。表面的に華やかなので、ついその雰囲気につられてしまうと、中途半端なまま終わることになります。

＊運気のため方　心地いい音に包まれることで開運します。ピアノ曲をＢＧＭにしたり、ドアベルをつけたりして生活の中に美しい音を取り入れましょう。食事では梅干しや柑橘類など酸味のあるものをとりましょう。

開花運　春にまいた種が芽を出して成長し花を咲かせる、初夏をイメージするときです。これまでの努力や行動に対する成果が表れはじめ、心身ともに活気にあふれます。気持ちも充実し、新たな可能性も出てきそうです。人脈が広がってチャンスにも恵まれますが、出会いのあるぶん、トラブルも起こりやすくなります。**頼まれごとは安請け合いせず、持ち帰って冷静な判断をするようにしてください。**

＊運気のため方　食事は緑の野菜をたっぷりとるようにしましょう。住まいの風通しには気を配ってください。和室でのマナーを守り、美しい立ち居振舞いを心がけて。空間にアロマやお香などいい香りをプラスするとさらに運気が活性化されます。

静運　運気の波が止まって、静寂が訪れるようなときです。動きがなく安定しているので、ひと休みをするべき運気。**新しいことには着手せず、生活習慣を見直したり家の中で家族と過ごしたりするのがおすすめです。**思い通りにならないと感じるなら、スケジュール調整をしっかりしましょう。安定志向になるので、この時期に結婚をするのは向いています。ただし、引越しや転職などは避けてください。

＊運気のため方　この時期は時間にゆとりを持って行動することも大切。文字盤の大きい時計を置き、時間は正確に合わせておいてください。お盆やお彼岸にはお墓参りをし、きれいに掃除をしてください。

結実運　運気が上がり、仕事で活躍できるときです。やりがいを感じ、心からの充実感も味わえるでしょう。**目上の人から信頼を得られるので、自分の力をしっかりア**

ピールして社会的地位も固めましょう。また、新しいことを始めるのにも向いている時期です。真摯に取り組んでさらなる結果を出してください。ただし、何事もやりすぎには注意して。チームとして動くことで夢を実現させましょう。
＊運気のため方　ハンカチやスカーフなど小物は上質なものを選んで。高級感のある装いがさらなる幸運を呼びます。理想を追求していくと、人生もそれに見合った展開になっていくでしょう。名所旧跡を訪ねましょう。

金運　季節でいえば秋。黄金の収穫期を迎え、満ち足りた気持ちを味わうことになるでしょう。これまで努力してきたことが成果となって金運に恵まれます。交友関係も広がり、楽しいお付き合いも増えるでしょう。**楽しむことでいい運気を呼び込むことができるときなので、人との交流の機会は断らないように。**新しい世界が広がって、さらなるチャンスに恵まれます。また、仕事への情熱も高まって金運を刺激します。
＊運気のため方　宝石を身につけましょう。またデンタルケアを大切にしてください。食品の管理、冷蔵庫の掃除などにも気を配ってください。西日が強い部屋は金運を下げます。西側は特にきれいに掃除して、カーテンをかけましょう。

改革運　晩冬にあたる時期です。**家でゆっくり過ごしながら自分を見つめ直す、リ**

セットの時期です。ひと区切りがつくので立ち止まり、自己チェックを！　まわりで変化が起きますが、慌てず落ち着いて対応しましょう。迷ったら慎重になって、ときには断る勇気も必要になってきます。特にお金がからむことには首を突っ込まず、避けるようにしてください。粘り強く努力を続けることが大切です。

＊運気のため方　イメージチェンジがおすすめです。部屋に山の写真や絵を飾ると大きなビジョンで物事を考えることができるようになります。根菜類を料理に取り入れてください。渦巻き模様のアイテムが運気の発展を後押ししてくれます。

頂上運　これまでの努力が実を結び、運気の頂点に達したことを実感できるとき。積極的に動くことで実力が認められ、名誉や賞賛を手にすることができます。充実感もあり、エネルギーも湧いてくるでしょう。新しいことにチャレンジしてもＯＫ。**存在感をアピールして、自分が望むポジションをつかみましょう。**頂上に昇ることは目立つこと！　隠しごとも露見してしまうときです。早めに善処しておきましょう。

＊運気のため方　めがねや帽子、アクセサリーなど小物にこだわったファッションを取り入れましょう。部屋には美術品などを飾り、南側の窓はいつもピカピカに磨いておくと、運気がたまります。キッチンのコンロもこまめに掃除を。

【基数早見表①】1935年～1964年生まれ

	1月	2月	3月	4月	5月	6月	7月	8月	9月	10月	11月	12月
1935年（昭10）	13	44	12	43	13	44	14	45	16	46	17	47
1936年（昭11）	18	49	18	49	19	50	20	51	22	52	23	53
1937年（昭12）	24	55	23	54	24	55	25	56	27	57	28	58
1938年（昭13）	29	0	28	59	29	0	30	1	32	2	33	3
1939年（昭14）	34	5	33	4	34	5	35	6	37	7	38	8
1940年（昭15）	39	10	39	10	40	11	41	12	43	13	44	14
1941年（昭16）	45	16	44	15	45	16	46	17	48	18	49	19
1942年（昭17）	50	21	49	20	50	21	51	22	53	23	54	24
1943年（昭18）	55	26	54	25	55	26	56	27	58	28	59	29
1944年（昭19）	0	31	0	31	1	32	2	33	4	34	5	35
1945年（昭20）	6	37	5	36	6	37	7	38	9	39	10	40
1946年（昭21）	11	42	10	41	11	42	12	43	14	44	15	45
1947年（昭22）	16	47	15	46	16	47	17	48	19	49	20	50
1948年（昭23）	21	52	21	52	22	53	23	54	25	55	26	56
1949年（昭24）	27	58	26	57	27	58	28	59	30	0	31	1
1950年（昭25）	32	3	31	2	32	3	33	4	35	5	36	6
1951年（昭26）	37	8	36	7	37	8	38	9	40	10	41	11
1952年（昭27）	42	13	42	13	43	14	44	15	46	16	47	17
1953年（昭28）	48	19	47	18	48	19	49	20	51	21	52	22
1954年（昭29）	53	24	52	23	53	24	54	25	56	26	57	27
1955年（昭30）	58	29	57	28	58	29	59	30	1	31	2	32
1956年（昭31）	3	34	3	34	4	35	5	36	7	37	8	38
1957年（昭32）	9	40	8	39	9	40	10	41	12	42	13	43
1958年（昭33）	14	45	13	44	14	45	15	46	17	47	18	48
1959年（昭34）	19	50	18	49	19	50	20	51	22	52	23	53
1960年（昭35）	24	55	24	55	25	56	26	57	28	58	29	59
1961年（昭36）	30	1	29	0	30	1	31	2	33	3	34	4
1962年（昭37）	35	6	34	5	35	6	36	7	38	8	39	9
1963年（昭38）	40	11	39	10	40	11	41	12	43	13	44	14
1964年（昭39）	45	16	45	16	46	17	47	18	49	19	50	20

【基数早見表②】 1965 年～ 1994 年生まれ

	1月	2月	3月	4月	5月	6月	7月	8月	9月	10月	11月	12月
1965年（昭40）	51	22	50	21	51	22	52	23	54	24	55	25
1966年（昭41）	56	27	55	26	56	27	57	28	59	29	0	30
1967年（昭42）	1	32	0	31	1	32	2	33	4	34	5	35
1968年（昭43）	6	37	6	37	7	38	8	39	10	40	11	41
1969年（昭44）	12	43	11	42	12	43	13	44	15	45	16	46
1970年（昭45）	17	48	16	47	17	48	18	49	20	50	21	51
1971年（昭46）	22	53	21	52	22	53	23	54	25	55	26	56
1972年（昭47）	27	58	27	58	28	59	29	0	31	1	32	2
1973年（昭48）	33	4	32	3	33	4	34	5	36	6	37	7
1974年（昭49）	38	9	37	8	38	9	39	10	41	11	42	12
1975年（昭50）	43	14	42	13	43	14	44	15	46	16	47	17
1976年（昭51）	48	19	48	19	49	20	50	21	52	22	53	23
1977年（昭52）	54	25	53	24	54	25	55	26	57	27	58	28
1978年（昭53）	59	30	58	29	59	30	0	31	2	32	3	33
1979年（昭54）	4	35	3	34	4	35	5	36	7	37	8	38
1980年（昭55）	9	40	9	40	10	41	11	42	13	43	14	44
1981年（昭56）	15	46	14	45	15	46	16	47	18	48	19	49
1982年（昭57）	20	51	19	50	20	51	21	52	23	53	24	54
1983年（昭58）	25	56	24	55	25	56	26	57	28	58	29	59
1984年（昭59）	30	1	30	1	31	2	32	3	34	4	35	5
1985年（昭60）	36	7	35	6	36	7	37	8	39	9	40	10
1986年（昭61）	41	12	40	11	41	12	42	13	44	14	45	15
1987年（昭62）	46	17	45	16	46	17	47	18	49	19	50	20
1988年（昭63）	51	22	51	22	52	23	53	24	55	25	56	26
1989年（平1）	57	28	56	27	57	28	58	29	0	30	1	31
1990年（平2）	2	33	1	32	2	33	3	34	5	35	6	36
1991年（平3）	7	38	6	37	7	38	8	39	10	40	11	41
1992年（平4）	12	43	12	43	13	44	14	45	16	46	17	47
1993年（平5）	18	49	17	48	18	49	19	50	21	51	22	52
1994年（平6）	23	54	22	53	23	54	24	55	26	56	27	57

【基数早見表③】 1995 年～ 2024 年生まれ

	1月	2月	3月	4月	5月	6月	7月	8月	9月	10月	11月	12月
1995年（平7）	28	59	27	58	28	59	29	0	31	1	32	2
1996年（平8）	33	4	33	4	34	5	35	6	37	7	38	8
1997年（平9）	39	10	38	9	39	10	40	11	42	12	43	13
1998年（平10）	44	15	43	14	44	15	45	16	47	17	48	18
1999年（平11）	49	20	48	19	49	20	50	21	52	22	53	23
2000年（平12）	54	25	54	25	55	26	56	27	58	28	59	29
2001年（平13）	0	31	59	30	0	31	1	32	3	33	4	34
2002年（平14）	5	36	4	35	5	36	6	37	8	38	9	39
2003年（平15）	10	41	9	40	10	41	11	42	13	43	14	44
2004年（平16）	15	46	15	46	16	47	17	48	19	49	20	50
2005年（平17）	21	52	20	51	21	52	22	53	24	54	25	55
2006年（平18）	26	57	25	56	26	57	27	58	29	59	30	0
2007年（平19）	31	2	30	1	31	2	32	3	34	4	35	5
2008年（平20）	36	7	36	7	37	8	38	9	40	10	41	11
2009年（平21）	42	13	41	12	42	13	43	14	45	15	46	16
2010年（平22）	47	18	46	17	47	18	48	19	50	20	51	21
2011年（平23）	52	23	51	22	52	23	53	24	55	25	56	26
2012年（平24）	57	28	57	28	58	29	59	30	1	31	2	32
2013年（平25）	3	34	2	33	3	34	4	35	6	36	7	37
2014年（平26）	8	39	7	38	8	39	9	40	11	41	12	42
2015年（平27）	13	44	12	43	13	44	14	45	16	46	17	47
2016年（平28）	18	49	18	49	19	50	20	51	22	52	23	53
2017年（平29）	24	55	23	54	24	55	25	56	27	57	28	58
2018年（平30）	29	0	28	59	29	0	30	1	32	2	33	3
2019年（令1）	34	5	33	4	34	5	35	6	37	7	38	8
2020年（令2）	39	10	39	10	40	11	41	12	43	13	44	14
2021年（令3）	45	16	44	15	45	16	46	17	48	18	49	19
2022年（令4）	50	21	49	20	50	21	51	22	53	23	54	24
2023年（令5）	55	26	54	25	55	26	56	27	58	28	59	29
2024年（令6）	0	31	0	31	1	32	2	33	4	34	5	35

直居由美里（なおいゆみり）

京都造形芸術大学「東京芸術学舎・ライフスタイル学科」にて風水講座の講師を経て、2012年より由美里風水塾を開校。環境学の学問として、風水・家相学などを30年にわたり研究し、独自のユミリー風水を確立した。「人は住まいから発展する」というユミリーインテリアサイエンスの理念のもと、風水に基づいた家づくりを提案し、芸能人や各界のセレブにもファン多数。テレビや雑誌、講演会のほか、企業のコンサルタントとしても活躍中。2009年「易聖」の称号を得る。現在YouTubeで「ユミリー風水研究所」として幸運な人生の送り方を発信中。

YouTube　https://www.youtube.com/@user-zr9kk1be9j
公式HP　http://www.yumily.co.jp

波動表に基づいた運勢やアドバイスを毎日更新中!（携帯サイト）
『直居ユミリー恋愛♥風水』　https://yumily.cocoloni.jp
『ユミリー成功の法則』　https://yms.cocoloni.jp

ブックデザイン　フレーズ
カバーイラスト　押金美和
本文イラスト　レミイ華月
編集協力　テクト・パートナーズ、メイ
撮影　市川勝弘
ヘアメイク　今森智子
衣装協力　YUKI TORII INTERNATIONAL

九星別《きゅうせいべつ》ユミリー風水《ふうすい》
2024
七赤金星《しちせききんせい》

2023年　8月10日　第1刷発行

著　者　直居由美里《なおいゆみり》
発行者　佐藤 靖
発行所　大和《だいわ》書房
東京都文京区関口1-33-4
電話 03-3203-4511
本文印刷　光邦
カバー印刷　歩プロセス
製本所　ナショナル製本

ISBN978-4-479-31046-4
乱丁・落丁本はお取り替えいたします。
https://www.daiwashobo.co.jp